落合陽一
JSTクレスト xDiversity

xDiversity《クロス・ダイバーシティ》という可能性の挑戦

講談社

xDiversity《クロス・ダイバーシティ》という可能性の挑戦

デザイン　アルビレオ

多様性と機械学習をテーマとしたプロジェクト
「JST CREST xDiversity(クロス・ダイバーシティ)」の研究代表を務めている。
現在進行形で進むxDiversityの実践を通じて私が至ったものは喜びの共有である。

——落合陽一

contents

序章

最高のチーム

落合陽一
筑波大学図書館情報メディア系准教授

論理と非論理

落合陽一です。アカデミック研究者になったのが2015年なので、もう7年もPI（Principal Investigator＝研究室主宰者）をやっていることになります。様々なことを考えつづけると、論理的であるという価値観が世界の隅々まで覆っていくような気分になってきます。科学技術の触手を日々伸ばしつづけ、やがて世界が知性で接続される日を夢見るのは、コンピュータサイエンスで学位をとってその分野にどっぷりと浸かってきてしまったからでしょうか。

社会生活の中で、「論理的であること自体も多様な価値観の一つ」だと認め、「ロジックで通じない、エビデンスも関係ない、文脈や歴史も必要ないという価値観」があったとしてもそれを排除しないようにするのは、職業研究者の頭で生きていると、なかなか難しいことです。まるで信仰を否定されたような拒否反応が生じることもときにはあります。

研究者や、ロジックを使った仕事をしている多くの人が、論理的でない手法を、

「なんとなくバカにする」ことで、論理の外で自分から遠ざけようとすることはよく分かりますが、それでは分断の問題は解決しにくくなってしまいます。

（ここでいう狭義の）反知性主義の指摘する社会的問題は重要ですが、（それだけではなく広義の）「非論理」「脱文脈」と対話する知性主義を、どうやって構築していくことができるかという問題には、考えるだけではなく実践や身体性も重要なのだろうと思いながら、今日も作家的に手を動かしています。

アーティストをしているとバイブスや右脳的な協調も重要だと思いますし、「正史」だけではない多様な文脈や「もしも」の可能性を探究しつづける豊かさもよく分かります。背反するいくつかの可能性を内包しながら思考停止や行動不能に陥らないために必要なのは作りつづけることなのだと信じてはいますが、それも安直な逃げなような。でも、逃げるとそのうち解けることもあるのかもしれません。

このような考えに至るには旅路があります。

その始まりはいつだろう――。

２０１７年ごろのことを思い出していました。そこから5年、ｘＤｉｖｅｒｓｉｔｙ（クロス・ダイバーシティ）を始めて4年半が経ち落合ＣＲＥＳＴはもうすぐ終わりを迎えます。研究はバンド活動だと気づかせてくれたのがこのCRESTの良いところで、良い共同研究者は家族のようなものですし、クロス・ダイバーシティはいいチームだと思います。

多様性をAIテクノロジーで支える試み

国立研究開発法人・科学技術振興機構（JST）の研究プロジェクトである「JST CREST xDiversity」では、筑波大・東京大・富士通・ソニーコンピュータサイエンス研究所（Sony CSLチーム）とともに、計算機によって多様性を実現する社会に向けた超AI（artificial intelligence）基盤に基づく空間視聴触覚技術の社会実装を行ってきました。

この研究のテーマは「どうやって人の多様性をAIテクノロジーで支えるか」というもので、自動化された車椅子やロボット義足がその一例です。

少子高齢社会に突入した我々にとって、テクノロジーを用いた社会の改善は急務です。我々の社会には、高齢化や先天的もしくは後天的な理由によって運動の自由が利かなくなったり、視聴覚機能の低下が生じたり、発話やコミュニケーションに困難が生じたりといった多様な困難を抱えて生きていくことを強《し》いられる人々がいます。

本書で紹介するＪＳＴ ＣＲＥＳＴ（※）は、人の身体や感覚器の機能補完や拡張のためにタスク志向型のＡＩソフトウェアおよび身体拡張デバイスの開発を行いながら、研究の社会実装により多様性社会実現を目指すプロジェクトです。

※ＪＳＴ ＣＲＥＳＴ＝我が国が直面する重要な課題の克服に向けて、独創的で国際的に高い水準の目的基礎研究を推進し、社会・経済の変革をもたらす科学技術イノベーションに大きく寄与する、新たな科学知識に基づく創造的で卓越した革新的技術のシーズ（新技術シーズ）を創出することを目的とし、トップ研究者が率いる複数のベストチームが、チームに参加する若手研究者を育成しながら、研究を推進する。

タスク志向とは、万能の判別機や学習機を目指すのではなく、あるタスクに特化したソフトウェアを志向することを指します。本プロジェクトの目的は、タスク志向型の開発を積み重ねることで、技術開発の方法論やコミュニティ形成、検証方法などを含めたノウハウと方法論、およびオープンソースのソフトウェアを共有することにあります。

本プロジェクトは2017年から2019年3月末までのスモールフェーズと2019年4月以降の加速フェーズの2期に分かれており、スモールフェーズでは、視聴覚能力やロボティクスによる能力拡張・コンピュータビジョンと機械学習・障害者向け能力拡張デザイン・運動能力拡張ロボティクスの専門家による4グループを組織し、一つの社会実装チームとして上記のようなタスク志向開発に取り組みました。

聴覚補助デバイス（富士通・東京大学）、自動運転車椅子（筑波大学）、ロボット義足（Sony CSL）を具体的なタスクとしながら、それぞれが加速フェーズに向けたいくつかの試験検討を行い、タスクごとに垂直統合したチームを組織し、解決に当たるための方法論について検証を行いました。

その後2019年4月から2023年3月までの加速フェーズを行い、コロナ禍という状況を顧みつつ社会のデジタルトランスフォーメーションに伴いながら、進んでいます。

最高の音楽

人間／機械がものを作ることには、問題を見つけて解決策としてマーケットに出すという一連の流れがあります。

機械が問題を解くときのキーパートは、ＡＩをどう使うか、つくるか、もしくはどんなユースケースに何がはまるかを考えることにあります。

世の中にアプリケーションやタスクはたくさんありますが、そういったものと、コンピュータビジョンが扱うもの――モノを認識する、ボディ構造をトラッキングする、自然言語処理、音声認識など――をどうすれば最適に組み合わせられるかを考えていくのはとても重要な問題だと思います。

さらに精度の高い文字認識など、〝エンジン〟は世の中にいっぱいありますが、それをどうユーザーインターフェースに落とし込んで使えるようにするか考えること、また、そういったものの整備をオープンソースでやっていくことも非常に重要な問題となります。それを仕組み化、方式化するのも研究の一つです。

さらにどうデバイスを使えるか、どうやってワークショップのデザイン論ができるかをまとめていくのも我々のテーマの一つです。我々のチームの面白いところは、誰も障害を障害として捉えていないこと、障害を個性と言い切るほどに標準性の悪意を意識し放っておかないところにあります。

〝標準化〟というものは非常に問題だと思っていて、それに対してどうやって課題解決システムを作って自分たちで使っていけるのかに興味がある人たちの集まりなので、そこがディスカッションしていても常に面白いところです。

テクニカルな話以外に最優先課題となるのは、違いに寄り添うテクノロジーを見つけながら、個別課題から現場共通の課題を抜き出し、様々なデバイスやアプリケーションと自分たちの作っているものを組み合わせて問題を解くことです。

たとえばプロジェクトの一環として、四肢のない作家・乙武《おとたけ》洋匡《ひろただ》さんとともに、義足や義手を使って「歩く」ことを目指す「OTOTAKE PROJECT」に挑戦しています。

N対1、つまりN対N（※）じゃなくて、1人のユーザーだけに寄り添うアプローチってなんだろうなと。乙武さんが歩いていく様子をひたすら追いかけていくっていうのは、N人ではなく1人が使う義足を作る様子とそのチームがどう育っていくかを考えていく点で非常に面白いなと。どうやって歩けるようにしていくかというのはおそらく1人では解けない問題で、義肢装具士の人、デザインの人、理学療法士の人が入ることでその問題を解決しようとする。そんなかで乙武さんは1年間練習を続けて20メートルくらい歩けるようになりました。プロジェクトのなかで生まれてくる人の輪やコミュニケーションを考えていくことは非常に重要だと思います。

※N：複数を示す。「N対1」は「複数対1」、「N対N」は「複数対複数」。

OTOTAKE PROJECTプロジェクトはSony CSLの遠《えん》藤《どう》謙《けん》さんがアスリート支援をしていることもあって、てっきりスポーツの延長のようなもの、もしくは身体拡張による社会運動のようなものだと考えていました。パーツを出力し、組み立て、モーターを動かし、プログラミングと機械学習で取りこぼしたものは、乙武洋匡氏が身体を鍛えることで回収します。とにかく練習を続け、それを理学療法士の内《うち》田《だ》直《なお》生《き》さんやスタッフたちが支えます。

テクノロジーは障害を突破する、テクノロジーの欠陥は人間力によって補完される、大切なのは習慣とモチベーション作りだ、トレーニングとはそういうものなのだ、ということを知る――そんなことを感じながら、いやあくまで身体拡張とテクノ

みごと100メートル歩行を達成したOTOTAKE義足プロジェクト

民藝のお話なのだと思っていました。

　しかし、先日100メートルを歩く（117メートルでバランスが崩れた）乙武氏のすぐ横でひたすらカメラを回していた自分が感じたのは、それとはまったく違ったものでした。

　乙武洋匡氏にとって車椅子は身体拡張されたインフラです。車椅子があれば乙武氏は自由自在に舗装された道をいき、ニュース番組に出演し、身長も自由に変えることができます。あえてテクノロジーを伴う義足を用いて歩く挑戦とは、そういった様々な社会的課題や社会的困難に向かい合うための社会運動で旗を振るようなものだと考えていました。

ところが、結果は違いました。

金属製の腕を使って、人生ではじめての拍手をする乙武洋匡氏が発する金属音はグルーヴを生み出し、身体拡張された義足による歩行は人々にリズムと応援の声を響かせ、コンヴィヴィアルな体験を伝播《でんぱ》させていったのです。

国立競技場の100メートルトラックの上で、乙武洋匡氏の身体は、「楽器」にトランスフォーム（変成）していました。社会的困難に向かう左脳的アイコンではなく、群衆にグルーヴを生み出し、その相互理解のための演奏を行う右脳的パフォーマーに変化したことは、予想していなかった着地でした。

感動ポルノなんてクソ喰らえ、と言っていた2018年から変化したものがたくさんあります。

身体的な活動を主体とするCRESTクロス・ダイバーシティは感動ポルノではなく、グルーヴをもたらす音楽です。この後味は長く余韻になるでしょう。言葉で消化されるロジカルなキャンディではなく、胸の高鳴りを通じて具体的な身体行動を伴うトラックになると確信させられました。

遠藤チームが生んだものは、乙武氏がたくさんの聴衆に共感を響かせるための新しい身体楽器だったのだと思うと、それはそれで爽やかな気分になります。難しいことはいいのだ、そしてロジカルなキャンディも必要ないのだ――おめでとう乙武さん。最高の音楽でした。いつも大変な練習を重ねてくれて本当にありがとう。新しい身体性を獲得されたことをいまはただ祝いたいと思います。

そう、音はしないが、音楽が奏でられるようになったんだぜ。これは「きのこの楽器だ」。ありがとうジョン・ケージ。

きのこの楽器というネーミングの危うさとエロと胡散臭《うさん》さ。しかしそういった想定外使用からしか次のステップは見出されないのだと思います。当たり前のものが当たり前の場所でしか使われないなら、それが跳躍を生むことはありません。音がしない音楽、それを奏でるための楽器、いや、そのための身体拡張。きのこでケチャップを作ったらDogs-upって言うのでしょうか。ジョン・ケージ。

新しい自然を実現していくことを自らのビジョンとしているけれど、その自然は人によって都合のいい自然と言えます。そういった意味でデジタルネイチャー（計算機自然）は多様な身体を揺籃《ようらん》します。それは新しい自然を構築した人類が自らの身体を精神の形の一つとして多様に獲得していく過程なのです。

ダイバーシティ・ファッションショー

CRESTのプロジェクトの期間中に行っていた中で印象的だったのは日本財団Diversity in the Artsで私が総合ディレクターを務めたダイバーシティ・ファッションショーでした。

そのオープニングで書いた緒言をここに挙げてみます。

生物の多様な体表を眺めたとき、自然の生態ニッチが作る風景との調和の美しさに感じ入る。

毛皮を持たない我々が、様々な季節や機会に合わせ、装い、着替え、様々な変身を可能にしてきたように、我々は今後もその身体性にテクノロジーを用いて、そしてそれが自然化する過程で、多彩な変容や変態を遂げていくのだろう。

自然に見られるような生物が持つ多様性の美を、様々な身体性の美に見立てて、今回ファッションショーを構成することにした。
自然化するテクノロジーによって揺籃される身体の多様性とはなんなのか、参加者や聴衆の皆様とともに考えていきたいと思っています。

デジタルネイチャーは身体に多様性を生み出します。多様性と自然の関係性を以前インタビューで話したことがあります。

「僕の考える自然というのは、マテリアルトランスフォーメーション可能な自然。荘子がある日うたた寝していると蝶々になってしまった夢を見たという話のように、〝物化する自然〟、あらゆるものが定型をとどめずあらゆる形で自由になれるというのはどういうことだろうというのが僕にとっての自然の探求です。そこで熱が失われるのか、何が変換されるのかという部分で、情報だけが変換されるならば、それはある種、物理現象よりももっと自由になれるんじゃないかという自然観を僕は持っています。そして、自然体が自然体のままでいられるというのは素晴らしいこと。そのために自然の側も歪《ゆが》めてしまっていいのではと思っています」

デジタルネイチャーは2015年に研究室を始めたときにつけたビジョンの名称で

す。

質量のないデジタルデータと質量のある自然が融和し、そのどちらでもない自然に生まれ変わった自然・自然観をデジタルネイチャーと呼んでいます。名前のない新しい自然の呼び名の一つで、ニューノーマルやニューメディアアートみたいなものだと思っています。

デジタルネイチャーはイメージと物質の間で考えていた際にその間をとりなす感覚を一般化した平衡点であり、元来の自然と計算機が不可分の状態にあります。これはユビキタスコンピューティングとかＩｏＴ（モノのインターネット）とか言われる世界のことで、その世界にやがて元来の自然と区別不可能なくらいにコンピュータが入ってくることになります。これはおそらく皆さんが知っているこの世界の進捗の話でしょう。解像度は上がっていき、センサーとアクチュエータ（エネルギーを動作に変換する装置）は増えていきます。

もう一つの過程は計算機の中にある自然が成熟した状態です。

これは物理シミュレーションとか機械学習エージェント同士の対話とか、データ同士の振る舞いが見せる新しい自然がコンピュータの中に成熟した状態を指しています。データは大容量化し、アルゴリズムは精緻になり、出てくるリザルトは自由度を増していきます。

その両者の間に着地点があります。この着地点は元来の自然の解像度を上げていった世界とは少し異なった着地であることが予想されます。人間に機械を組み合わせたり、山頂でｚｏｏｍ飲みをする世界かもしれませんが、元来の自然の持っている範囲からはみ出していて、それでいて、データの自然だけでは到達しないものがあるはずだ、というモチベーションによって成り立っているのです。

当時のモチベーションを一般化するときに出てきたのが質量のない自然と質量のある自然の着地という考え方です。元来の自然のようでいて計算機であり、計算機上に見えて元来の自然。

なぜそんなことを考えるようになったのかといえば、僕が博士課程でやっていたことは、映像と物質の間にあるものはなんだと考えていたことに由来するからです。映像のようでいて物質であるし、物質のようでいて映像であるものとは何か。その実装が計算機音場によるグラフィクスだったり、ホログラムによるプラズマだったりしました。

要は、触《さわ》れるけど映像のように消えちゃうものもある、ということ。意外とそれは実装できました。そこに着眼していくときに見出されたのが質量性・非質量性の対比であり、計算機技術の成熟とともに訪れるであろう新しい自然のことです。そのときに対比構造になってくるのは元来の自然とデータの自然だけれど、元来の自然はもはや計算機に囲まれているし、データの自然のほうは元来の自然のデータを吸収しつづけ、独自の計算を生み出しつづけています。

その間にある新しい自然、これに名前をつけなくてはならない。そうやってできたのがデジタルネイチャーという暫定名称でした。だからよく名前が変わっていきます。「計算機と自然、計算機の自然」と同語反復したのはまさにここですし、「質量のある自然、質量のない自然」と言い換えることもできます。

研究センターにあるデジタルネイチャーの解説は、以下の通りです。

〈人に纏《まつ》わる情報工学研究を軸としながら、新しい自然において今よりもっと多様な未来を実現するための基礎技術研究、応用研究、デザインの探求、そして社会実装に取り組んでいます。

新しい自然では、人と機械、質量ある物質の世界と質量なきデータの世界の間に、元来の自然では起こり得なかった多様な未来の形が多元的に存在していく、と私達は考えています。

人の作り出した計算機により紡がれる新しい自然はどんな姿をしているのか？

筑波大学デジタルネイチャー開発研究センターでは、新しい自然をより確かな形で思い描き、人と調和する持続可能な自然に近づけていくために、様々な計算機技術の応用を実装し、世に問いながら産業・学問・芸術に至るさまざまな問題解決に挑戦しています〉

いままで計算機と自然の中に様々な中庸状態を作ってきました。

「触ったオブジェクトはデータであり物質でもあり、物質を変えればデータも変わるし、データが変われば物質も変わる。電源を消すとそれらも消えてしまう」みたいな考え方や、「ロボットが印刷されたり、データがロボットになったりする」、「この世界はすべてデバッグ可能でいて一回性を持つこともできる」↓これはブロックチェーンとかの研究をしていたときの話だったり、「人の身体は制約から解放され、新たな制約を楽しむこともできる」↓これはクロス・ダイバーシティのプロジェクトだったり。

ムーブメントとバイブス

様々な対立構造を作る中で、立ち位置が溶けてしまうようなものを選び、新しい自然を探究してきました。アプリケーションやアルゴリズムを考える中で物質と映像の垣根に常にいた気がします。新しい自然、質量のある自然と質量のない自然の中間地点。

以前は質量への憧憬《しょうけい》といっても、ほとんどの人はピンとこなかったかもしれませんが、いま伝わっているような気がしています。

僕はずっと前からいまのみんなくらいにピクセルに囲まれて生きてきて、そこから来る質量への憧憬や映像と物質の垣根にあるマテリアリティに着目してきました。でもいまこの世界は質量への憧憬の中にあります。そこでやっと伝わる言葉もある。

そんな自然観が実装されるような自然環境は人間にとって何なのかをよく考えます。

たとえばＸｂｏｘのアバターをつくる際に義足や義手、車椅子がアイテムとして選べるようになったアップデートを受け、〝Computationally incubated diversity（コンピュータで促進させられたダイバーシティ）〟とツイートしました。

障害があるからではなく、義足や義手が単純にクールだから選んでいるとすれば、ダイバーシティとしては正しい方向だと思っています。自由度や気にしなさをどのように互いに尊重できるかということが大切です。

そもそも機械学習でものを作る、その言語空間が大切で、その言語はこの世界を構成する巨大なホログラムでできた文学であって、世界は計算しながら詩を綴《つづ》っています。その自覚を持って生きることがデジタルネイチャーに生きることなのです。

ポエティックなグラフィクスをリアルタイムに生成できる世界になったのは良いことだと思います。私は物理的な研究貢献はしているが言語的な研究貢献との間の接続が気になりはじめています。魔法の世紀で世界の再魔術化でデジタルネイチャーで世界は計算していてホログラムの中に生きる共感覚的なデジタルの自然なのです。喜びを共有したい、と思います。

テクノロジーですべての問題が解決するなんて考えたこともありません。しかしながらテクノロジーを使わないで問題を解決しようと考えることはありません。

クロス・ダイバーシティで何が重要かって言ったらバイブスだ、という話をいつもシンポジウムのときに言っています。自分たちが作るのはテクノロジーではなくてムーブメントだとも言っています。

ただそこには何らかの技術開発に伴う生態系とレガシーがあるべきでしょう。もちろん論文は書くけど、「お家元」に「お金が動いて」、ははぁ、「ご研究のご文脈が作られた」っていうだけじゃ不満足なのです。

2022年に入ってから、どうやってレガシーを考えるか、を探しています。ムーブメントとバイブスを意識しながら、技術と人の生態系が作る先を考えていきたいと。

こういう光景を眺めているのが好きだなぁ。

マイノリティの〝世界〟

研究者としてもアーティストとしても耳で聞かない音楽会などのプロジェクトを手がけてきて、いまに至ります。

日本財団Diversity in the Artsで開催したダイバーシティ・ファッションショーについて、次のようにインタビューに答えました。

――ショーに参加する11組のラインアップに対して、どういうところに注目をしていますか?

「視・聴覚障害、身体の障害、ALS(筋萎縮性側索硬化症)、それを補う車椅子や義足など、まず一般的に広く認知されているものが選ばれています。そういった人たちの個性、身体の多様性を表現することが一つのコンセプトですが、個人的には、彼等がクールに見える要素、彼等ならではの魅力は何か、ということに着目したいと思っています」

――障害そのものにフォーカスするのではなく、そのかっこよさを発見し、引き出そうということでしょうか?

「というのも、身体的・能力的な差異とは、今後さらにテクノロジーが発達すれば、解消され得るものかもしれません。また、全員が耳が聞こえなかったら、障害にはならないし、耳が聞こえる人が多いから、現状では〝障害〟になっている――そう考えたときに、テクノロジーで課題を解決できれば、その〝違い〟とは、マジョリティとマイノリティの差でしかなくなってくると思うのです。だからといって、マイノリティをマジョリティの価値観に合わせることは、本質ではない。むしろ、ニッチなものが美しく、だから多様性があるわけですから、彼等の個性やかっこよさ、美しさを魅せることが大切なのではないか、と思うのです。僕が押し付けるのでなく、かっこよさをコラボレーションの中から引き出すアプローチを取らないと、結局マジョリティへの価値観提示になってしまうので注意が必要です」

——なるほど。アダプティブファッションという言葉も最近、耳にするようになりました。たとえば障害のある方がファッションを楽しむのに必要なことは何だと思いますか？

「当事者にはファッションを楽しんでいる人も多いと思います。ただ、作り手が少ない。たとえば、車椅子の人は、足が不随意に動いて、シューズが脱げてしまったりもします。だから、本当は履きたくはないのだけれども、マジックテープがついた靴を履いている女性などもいます。そういう選択の余地がないことは大きな課題だと思いますね。そういったものがテクノロジーや製造技術によって解決されていく未来を実現していきたい。他にも実際には、まだ我々が気づいていない課題がいっぱいあるか

ダイバーシティ・ファッションショーはオンラインで開催された

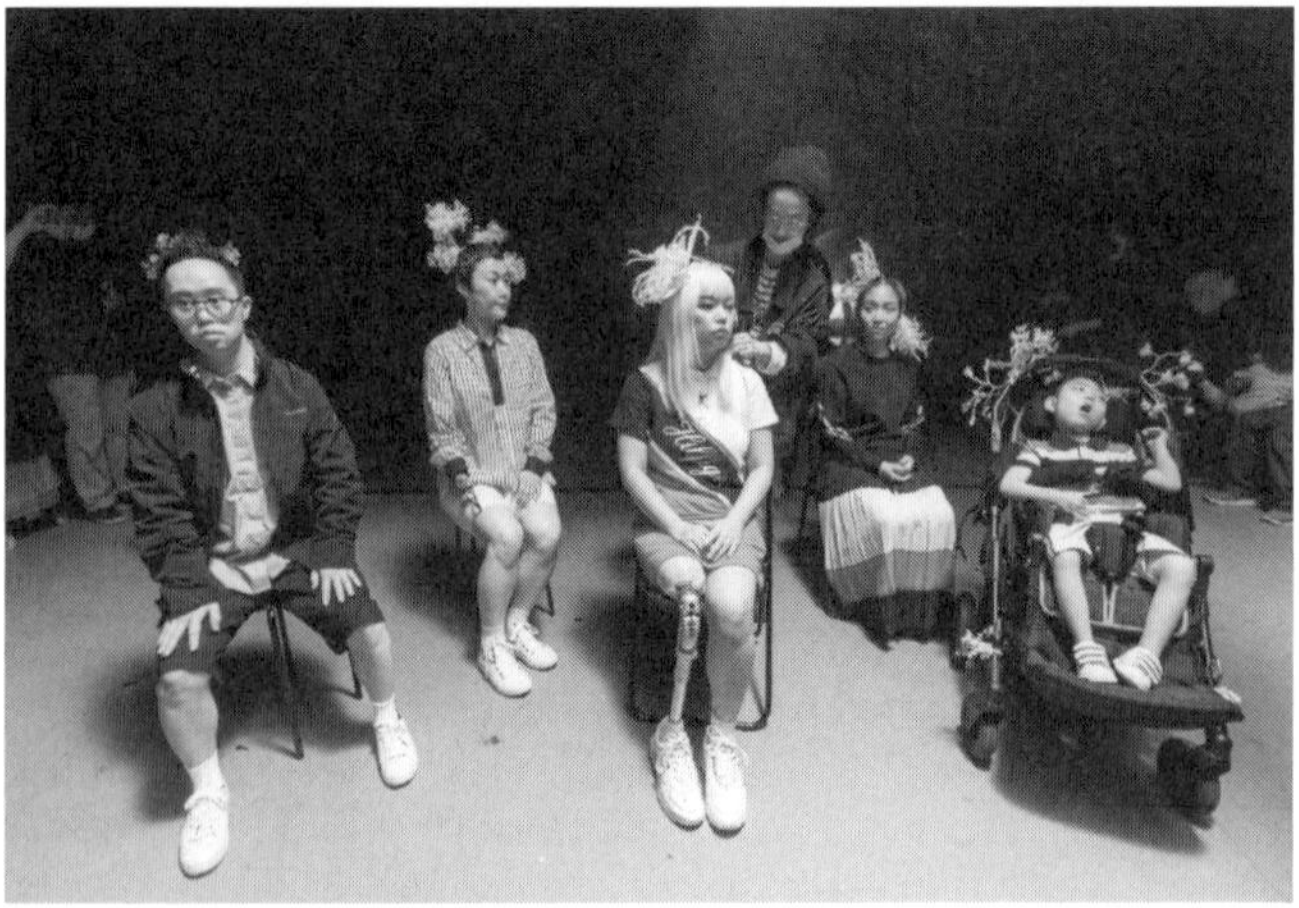

ファッションショーの出演者たち

もしれません。そのためにも、今回のイベントでは、ショーに加えて、当事者の方にインタビューした映像も配信します。当事者にしか分からないこと、言えないこともたくさんありますし、その声に耳を傾けたい」

――そのインタビューでは、どんなことを聞こうと思っていますか？

「率直にオシャレについてどう思っているのかを聞きたいと思っています。これは知り合いから聞いた話なのですが、ピンクの服を好んで着る視覚障害の方がいます。彼女に〝なぜ、ピンクを着ているの？〟と聞いたら、〝ピンクが可愛い、似合っていると言われたから、ピンクでそろえている〟と。ピンクを強制されているわけではなく、彼女の好みなので、それは自由だとも言えますが、もし、彼女が、目が見えている人の価値観に合わせているのだとすると、それで良いのだろうかとも思ってしまうのです。マジョリティに価値観を合わせるためのツールとして色を捉えているとしたならば、もっと違う捉え方もあるかもしれない。本当に彼女が好きなものを他の色で表現できることもあるかもしれません」

――もう少し具体的に教えてください。

「北九州で直近、ＳＤＧｓ（持続可能な開発目標）をテーマにした展覧会をやっていたこともあって、最近〝環世界〟について考えていました。ドイツの生物学者・哲学者ヤーコプ・フォン・ユクスキュルが唱えた概念で、『個々の生物種には、それぞれ生物種の認識し得る世界があって、それぞれが主体としておのおのの世界を認識しているのだ』という考え方です。たとえば、犬が認識している嗅覚ベースの世界と、人間が認識している視・聴覚ベースの世界はかなり違う。目が見えない人が認識している世界と、耳が聞こえない人が認識している世界はもちろん違う。そこをあえて、同じ世界観でそろえようとすること自体、おこがましいのでは、と思うのです。つまり、マイノリティの〝世界〟をマジョリティの〝世界〟に馴染ませるというのは非常に暴力的だし、僕はやりたくない。ただ、自分とは価値観の違う、たとえば、横にいる人の服装や考え方を〝かっこいい〟と思ったり、〝真似したい〟と思うことはよくありますよね。ショーを通じて、彼等のかっこよさに着目したいというのは、そういった意味です。その観点では日々多くの発見がありますし、違ったカルチャーをミックスしたいというのも自然なクリエイティブの発想に感じます」

――そういった視点が、ダイバーシティの本質的な理解、また多様性のある社会を拓いてくれるのかもしれません。

「そもそも、生物種の関係性の中には、マジョリティとマイノリティという概念はないのでは、とも思います。

たとえば、犬は、猿の気持ちをあまり考えていないと思うし、猿のほうが犬より多いから、自分たちは優位だなんて思っていないのではないか、と。マジョリティとマイノリティとは、同じ群で暮らすから発生する問題であって、異種生物間ではあまり発生していないのかもしれません。

そうやって広く考えると、我々の社会の中にあるマイノリティとマジョリティの相互理解を広い視点で捉えることができるかもしれません。どちらかの価値観に迎合する必要はないかもしれないけれど、そのためにも前提として相互理解が必要です。今回のイベントが、その相互理解のきっかけになればいいし、その先に、ダイバーシティの本質を参加者と一緒に探っていきたいと思います。その意味では前提抜きで感性で捉えても、はたまた文脈とともにロジックで探求しても良いのではないかと考えています」

——ファッションショーのディレクションについて。

「3年前に（ファッションモデルの）鈴木えみさんと一緒にファッションショーのディレクションをやったことがあったのですが、ダイバーシティをテーマにしたのははじめての経験になります。〃ダイバーシティ×○○〃ということでは、音楽会もやってきましたし、自分で研究プロジェクトもやってきたので、ファッションショーとの組み合わせはやってみたいなと思っていました」

——今回のテーマについて。

「マイノリティとマジョリティという違いがあったときに、マイノリティの側がマジョリティに合わせる必要もないでしょうというのが、一番重要なところでした。マイノリティらしさをかっこよくするとか、あとは純粋に他人のことを気にしないで着ることができる服ってなんだろうと考えていって、そこをコアにもってきて、デザイナーの方、モデルとなる方、テックを用いてくれる方と話をして、できあがったものをもとに編集をしていくという感じです」

——乙武洋匡さんは「水の上を歩くのは新鮮な体験だった」と、幻想的なステージを振り返っていました。

「水の上を歩くって、よっぽどなことですからね（笑）。せっかく水が使えるので、キレイかなと思って」

——ダイバーシティ×ファッションに関するトークもあったそうですが。

「いつもはコラボして何かを作るという方向のことをやっているのですが、作った人たちを並べて、全体を演出するのは珍しい経験なので、そこは新鮮でしたね」

——今後も、こうしたファッションショーは続いていくのでしょうか？

「そうですね。1回で終わらないことが大切かなと思っています。次の構想ですか……。今回は水でやったので、次は乾いたところでやるのがいいかもしれないですね（笑）。僕はランウェイがあるファッションショーって、実は好きじゃなくて。みんなやっているからね。えみさんとやったときは、インスタレーション（空間全体を作品として体験させる芸術）を映像で組んで、モデルさんをマネキンのようにして、その中をお客さんに歩いてもらうという演出をしていたのですが、今は密になっちゃうからできないんですよね。今回は配信なので、むしろ映像のセットをしっかり作ってやっているのですが、それはそれで大変なところもありますね」

——見どころについて。

「全体的にいいまとまりだと思うんですけど。多様性っていうのも、他人に押し付けないのが一番重要ですからね。相互理解のひとつの形としてファッションを見ていただけたらなと思います。多様性って言っている人ほど、多様性じゃないですからね。人間として絶対に良くないことがあると思っている人は、意外と正義に弱いですよ。世の中には、過去に罪を犯した人も生きているし、それを赦《ゆる》してともに生きていくっていうような多様性もあるわけですし。そういうこともちゃんと考えて生きていかないといけない。

我々がどういう歴史の中で、相互不干渉なものを手に入れてきたのかっていうのが血肉に宿っていれば、人間として最大に難しい判断もできるのかもしれないですね。今回のイベントは、考え方としては非常にシンプルで、人はどんな形をしていてもいいんだということが伝わればいいのかなと考えています」

ショーを見て一番綺麗だなと思ったのは、子どもが義足で走っているときの水しぶきとか、ダンサーが飛び跳ねたときの水しぶきや反射する光の美しさ、車輪が水面を滑るときに出る波紋の美しさなどです。

人工的な空間ではありますが、水面が混ざるだけで制御不可能な自然がそこにはあって、自然の中に出てくるテクスチャーは、やっぱり心を惹く美しさがあるなと再認

義足で走る子どもがつくった水しぶき

識しました。

虫や鳥などの生物の表面の多様な色を見ていると、生き物は、他の生き物の外見を互いにそこまで気にしていないんじゃないかと感じます。

玉虫の色は、もちろんそれを食べる鳥は気にするだろうけれど、我々が外見を気にするほどには、お互いに気にしていないんじゃないかと思うのです。〝みんな違ってみんな良い〟という言葉がありますが、〝みんな違ってみんなどうでも良い〟というのも真理ではないかと思います。

2日間にわたるショーの収録には、

モデルとして様々な人が訪れました。腕や足がない人、脳性麻痺やALSで身体が動かない人、ダウン症の人、子どもやお年寄り、障害のない人も。

眼鏡はもともと視力を補正する道具でしたが、いまやおしゃれアイテムのひとつでもあります。車椅子や義足などのテクノロジーが、その意味を拡張する未来もくるのかもしれません。

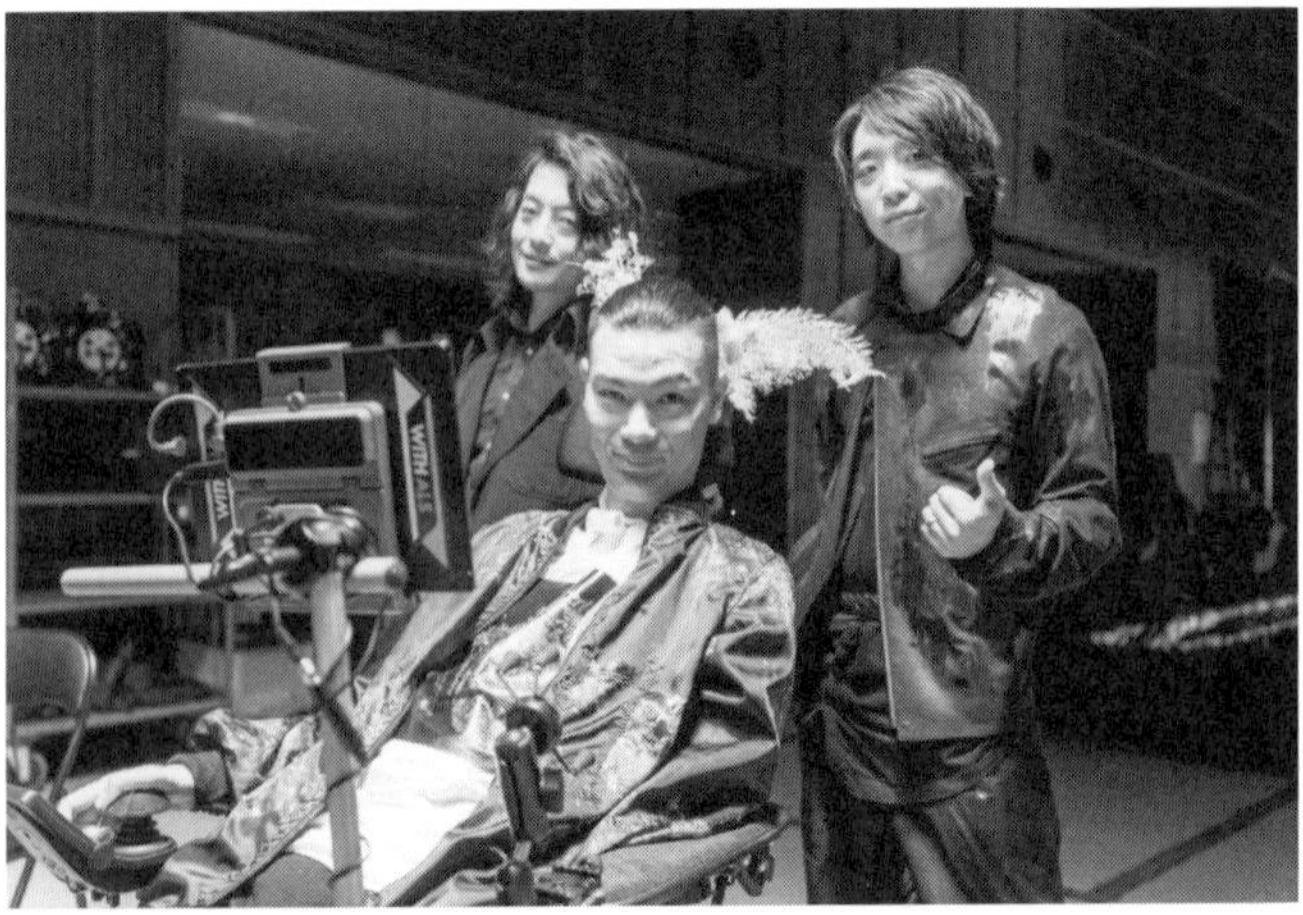
落合氏はダイバーシティ・ファッションショーのディレクターを務めた

第1章

Ontenna
——AIでろう・難聴者の可能性を拓く

菅野裕介
東京大学生産技術研究所准教授

本多達也
富士通株式会社Ontennaプロジェクトリーダー

振動と光で音を感じる

多様な技術と多様な課題をつなぐという、クロス・ダイバーシティプロジェクトのコンセプトを表す具体例の一つが、Ｏｎｔｅｎｎａ（オンテナ）にＡＩによる認識技術をつなげる試みです。

ＡＩによる音認識技術で、ろう・難聴当事者の課題を解決する、ということ自体の意義は自明かもしれませんが、簡単なことではありません。機械学習技術を用いた課題解決で、「どのような問題を解くＡＩを作るか」は、最終的に必ず人間が決める必要があります。

聴者である研究者・開発者が設計した技術が、ろう・難聴当事者の需要を本当に満たしていると言えるか。

当事者を含む非専門家ユーザーに先端技術の素材をそのまま預けることで、デザインやものづくりが可能になると言えるか。

クロス・ダイバーシティの試みの中心にあるのは、専門家と非専門家が技術に関す

振動と光で音を感じる「Ontenna」

るコミュニケーションを取り、連携しながらものづくりを行う方法論設計でした。

オンテナは、振動と光によって音の特徴を身体で感じるアクセサリー型の装置で、髪の毛や耳たぶ、えり元やそで口などに付けて使用します。音の大きさをリアルタイムに振動と光の強さに変換し、リズムやパターン、大きさといった音の特徴を伝達します。

２０１９年に製品化され、現在では日本の８割以上のろう学校に導入され、発話練習やリズム練習などで活用されています。

オンテナを用いることで、普段声を出さないろうや難聴の子どもたちが声を出し、複数の生徒がタイミングを合わせて太鼓を演奏し、ダンスを踊ることができるようになるのです。

オンテナは、開発者の本多が大学1年生のとき、ろう者と出会ったことがきっかけで誕生しました。

文化祭の会場で道に迷っているろう者に声をかけ、道案内をしたところ、そのろう者から手話教室に誘われ、それから手話の勉強を始めるようになったのです。その後、手話通訳のボランティアや手話サークルの立ち上げ、NPOの設立などを経験するうち、「無音の世界で生活しているろう者とともに、音を感じられるようになりたい」と考えるようになります。

大学の卒業研究からオンテナの開発を始め、

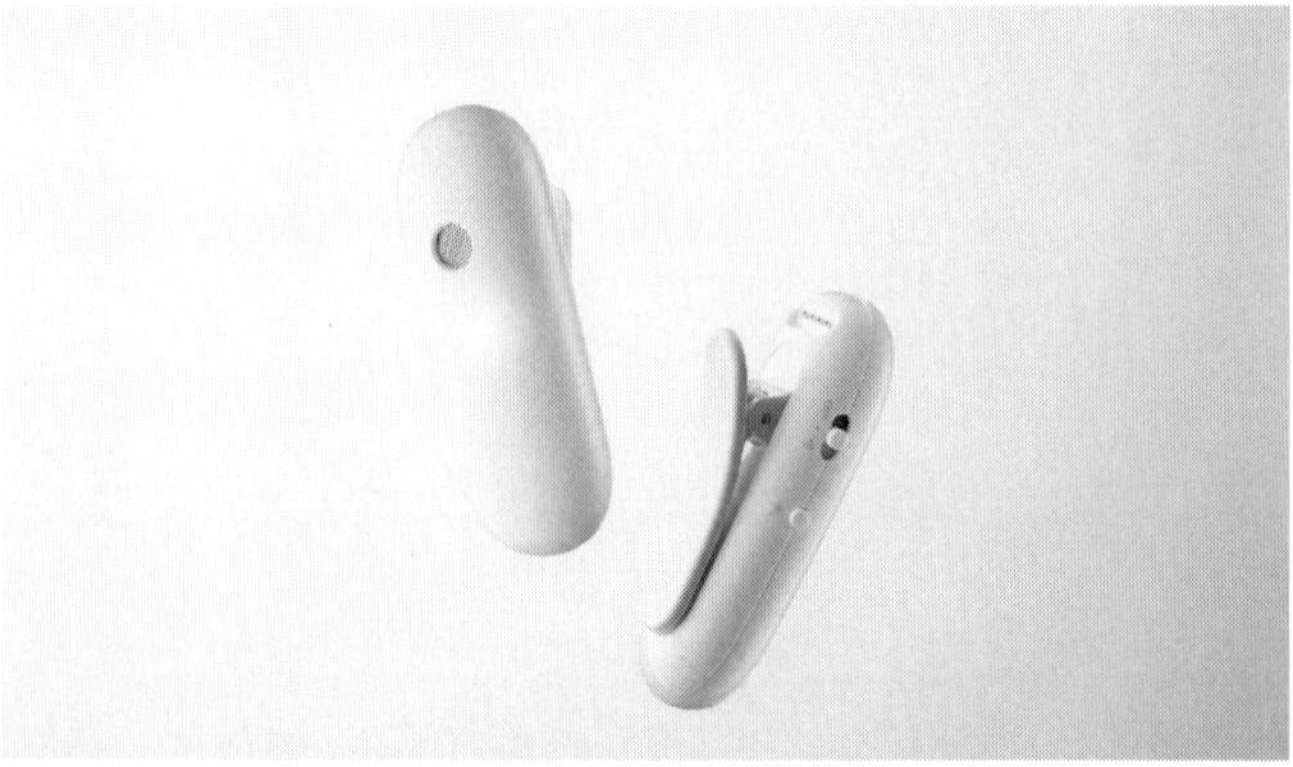

Ontennaは8割以上のろう学校に導入されている

2014年には経済産業省所管の独立行政法人・情報処理推進機構主催の「未踏事業」に採択されたことで、さらにアップデートを行いました。「未踏事業」は、〝突出したIT人材の発掘と育成〟を目的とし、ITを活用して世の中を変えていくような天才的なクリエイターを発掘し育てようとするものです。

クロス・ダイバーシティ研究代表である落合陽一と本多がはじめて出会ったのも、この未踏事業の期間でした。

オンテナの開発では、プロトタイプを作ってろう者に使ってもらい、意見をもらっては作り直すという作業を繰り返しました。

最初に開発したのは、音の大きさを単純に光の強さに変換する装置です。LEDを並べ、音が大きくなると光も同時に強くなるものでしたが、ろう者からは「こんなものは使いたくない」と不評でした。

ろう者は普段、視覚情報に多くを頼るため、さらに視覚情報を追加されることは負担になるというのです。そこで、視覚ではなく、触覚を用いたフィードバック方法を考えることとしました。モーターを肌に直接取り付け、音の大きさによって振動の強さが変わる装置を開発したのです。

しかしこの装置に対しても、「肌が直接刺激されて、気持ちが悪い」「ずっと使っているとムレる」「マヒする」といった厳しい声が寄せられました。家事や、手話による会話をする際、腕に装置を付けているのが負担になるという指摘もありました。

装置を身体のどこに付けるのがもっとも適切なのか、ろう者とともに様々試すうち、意外な提案がありました。「髪の毛が振動を知覚しやすい」というのです。確かに、髪の毛であれば手話や家事の際に腕に負担がかからず、ムレやマヒの影響も少なくなります。これ以降、髪の毛に取り付けるヘアクリップ型の装置をブラッシュアップしていくことになりました。

製品化とアップデート

本多は大学卒業後の2016年、株式会社富士通に入社します。

社内でOntennaプロジェクトを立ち上げ、全国のろう学校や、イベント・エンタテインメント領域の人々とテストマーケティングを重ねて、2019年に製品化にこぎつけました。

当初、3Dプリンタとレーザーカッターでプロトタイプを製作していましたが、製品化に伴い大幅にアップデートしました。より小さく、使いやすい筐体《きょうたい》とし、落としても安全なプロダクト設計としたのです。また、三段スライドスイッチを取り入れることで、いまがどのモードなのかをひと目で分かるようにし、光のON・OFF機能を持たせ、髪の毛以外の部位にも装着しやすくなるようクリップを改良しました。

その後、ろう学校でのテストマーケティングを実施するなかで、先生から、ある要望が寄せられました。「複数の生徒に同時にリズムを伝えたい」というのです。

ろう学校の音楽の授業では、一定のリズムで太鼓を叩く練習をします。先生が背中を叩いている間はリズムをキープすることができる生徒も、手を離すとリズムが狂ってしまうので、それをどうにかしたい、ということでした。

これに対応するため、複数のオンテナを制御することができるコントローラーを開発し、複数の生徒に同時にリズムを伝えることができるようにしました。このコントローラーを使えば、半径50メートル以内のオンテナを同時に何個でも制御することができます。

ろう学校の先生からはほかにも、「充電をもっと簡単にしてほしい」という声がありました。開発当初のプロトタイプでは、本体に直接マイクロUSBを接続しなければならず、充電のとき一つ一つ抜き差しする必要があり、それが面倒というのです。そこで、オンテナとコントローラーの両方を、近づけるだけですっと充電することができるデザインのマグネット式の充電器を製作しました。

聴者にも臨場感をもたらす

2021年5月現在、全国聾学校長会に所属する102校中88校のろう学校にオンテナが導入され、活用されています。体育のダンス授業では、音がほとんど聞こえない生徒はしゃがんだり回ったりするとカウントがずれてしまうため、リズムをキープするにはずっと先生の動きを見ていなくてはなりませんでしたが、オンテナを使うことで、目線を外してもリズムをキープできるようになりました。

発話練習でも変化がありました。自分が出した声に対して振動の強弱が変化するため、普段声を出さない生徒が積極的に発声するようになったのです。自分の声をコントロールする練習でも活用されています。

卓球の試合のラリー音を感知することもできる

オンテナはろう学校だけでなく、映画や音楽イベント、スポーツイベントなどのエンタテインメント分野でも活用されています。映画イベントではシーンやBGMに合わせてオンテナが振動・発光することで、衝突音や音楽のリズムなど映画の世界観をろう者に伝えることができます。

Tリーグの試合では、卓球台の下にマイクを設置し、ラリー音に合わせてリアルタイムにオンテナが振動することで、ろう者が卓球のリズムを感じることができます。ろう者に限らず聴者も触覚でラリーを感じることで、臨場感や一体感を味わうことができるのです。

オンテナは、ろう者にとって音の情報補

完となるだけでなく、聴者にも臨場感や一体感をもたらすデバイスなのです。

ただ、ここまでのオンテナは音の波形を振動に変換するだけで、何らかの意味を伝えることはできていませんでした。リズムやパターンといった音の特徴は分かるものの、それがインターホンなのか、スマートフォンなのか、音の種類を識別して伝えるということはできていません。

このように、音の波形を「意味」に変換するというタスクは、まさにAIの主要な課題になっています。これをどのように実現するかがクロス・ダイバーシティの取り組みにおける最大のテーマとなりました。

たとえば、オンテナの機能について多くのろう・難聴者にインタビューをする中で、「インターホンの音だけにオンテナを反応させたい」「赤ちゃんの泣き声にだけオンテナが反応したらいいのに」「うしろから呼びかけられたことを分かりたい」など、特定の音に反応させるオンテナを望む声は挙がっていました。いつどのような音に反応してほしいか、という課題はこれに限らず多種多様で、そのすべてを拾いあげることは簡単ではありません。

オンテナが持つ機能のシンプルさは、こうした多様性の中に共通するミニマムな需要を抽出するという側面があり、これはオンテナの大きな強みでもありました。一方、単純化が過ぎてしまうと、それを使う当事者が持つ課題や価値観の多様性が見えづらくなってしまうという問題があります。

オンテナにＡＩをつなげることは、機械学習という技術を課題の多様性に対して開く視点が必要不可欠になります。インクルーシブ（包括的）な課題設計を行うために、参加型デザインの仕組みをどのようにＡＩ設計に導入するか、というのは技術的にも挑戦的な課題でした。

当事者のためのＡＩ

ＡＩのように抽象的な対象で、当事者の意見を反映したデザインプロセスをどのように実現するか、その方法論は確立されていません。

そもそも、テクノロジーを素材にして何かをデザイン・設計するというのはどういうことでしょうか。

これまでのオンテナのデザインを例にとると、音の触覚フィードバックというテクノロジーを元に、ろう者・難聴者が日常的に身につけるデバイスとしての機能や形、提供する体験をブラッシュアップする過程がその中心になっています。音が振動に変わるという基礎的な役割を踏まえ、当事者とのコミュニケーションを元にデザインを行うアプローチをとりました。

ベースになるテクノロジー自体は多くの場合、様々な目的に使うことのできる汎用的なものです。どのような目的にテクノロジーを使うことができるか、どのようなインターフェースを提供すればユーザーにとってより良い形でその目的を実現することができるかなど、手段としてのテクノロジーを適切に目的に結びつけていく過程が中心的な課題ということができます。

では、テクノロジーとしての「AI」とは何を指すのでしょうか。

AIとは、文章を読み書きする、写真を理解する、絵を描くなど、人間のような知的作業を行うことのできるコンピュータやロボットを指す言葉であり、それが指すものは広範囲にわたります。スマートスピーカーのように音声で対話のできるエージェントから、ペーストした英文を日本語に翻訳してくれるソフトウェアまで、私たちの身の回りにあるAIの姿も多種多様です。センサーやアクチュエータのような具体的な装置に比べると、AIという言葉が指すものはコンセプトに近いものであり、具体的なモノを超えた総合的なデザインが必要になると言えます。

機械学習とはなにか

現在、私たちがAIと呼ぶもののほとんどは、機械学習というアプローチを元につくられています。機械学習は、AIの基盤となる知的機能をつくるための方法の一つです。その基本的な考え方は与えられたデータを元に機械が自ら仕組みを学習するというもので、ルールベースの設計方法、つまり仕組みそのものを人間が設計するやり方とは根本的にアプローチの仕方が異なります。

たとえば、画像を見てそこに映っているのが猫なのか犬なのかを判定する機能をつくることを考えます。

プログラミングだけでこの仕組みを作ろうとした場合、大きさや形、毛の質感など猫と犬を隔てる要素を人間が考え、画像の処理の仕方や判定のロジックをすべて書きおろす必要があります。これが容易ではないことは、プログラミングの具体的な作業内容を知らなくてもある程度想像がつくはずです。

一方、機械学習で同じように猫犬分類の機能をつくる場合、人間はまず猫と犬の画像を大量に集めることから作業を始めることになります。そこに写っているのが猫なのか犬なのか、正解が分かっている学習データを機械に与えることで機械自身がそれを分類するための手続きを学ぶ——それが機械学習の基本的なプロセスになります。

機械自身が学習データから学ぶ方法にも色々なものがありますが、深層学習（ディープラーニング）はその中でも特に性能の優れたアプローチとしてよく知られています。

「画像を入れると、それが犬か猫かを教えてくれる箱」を作ることをイメージしたとき、箱の中の仕組みを内側から一つ一つつくっていくのがルールベースの普通のプログラミングで、箱の外側から与えるのが機械学習、と捉えることもできます。ある意味で、作り方のプロセスが逆になっているのが分かるでしょうか。

小さい仕組みをボトムアップに積み重ねて最後に大きな課題設定が出てくるルールベースの設計に対し、課題とデータを最初に与え、そこからトップダウンに仕組みを自動学習する機械学習ベースの設計では、機械やＡＩがユーザーに何をするべきか、目的や課題を設定するステップの重要性が大きく異なります。

ルールベースで設計した犬猫分類箱は、部品を入れ替えたり調整したりすることですぐにほかの動物を分類する箱に作り替えられそうですし、どこを作り替えたらそれが可能か人間もある程度予想できるはずです。一方、機械学習ベースで設計した犬猫分類箱を別の動物につくり替えようと思うと、基本的にはその動物のデータを新しく用意する必要があります。「目的を定めて、機械学習で解決できる問題として定式化する」という作業の重要度が違うのが分かるでしょうか。

近年は様々な目的に使うことのできる汎用的な大規模ニューラルネットワークの研究も活発に行われていますが、精度を上げるためにはどこかで目的に沿った学習データを集めること、そして適切に問題を定義することが必ず要求されます。

AIという言葉が指すものはコンセプトに近いと述べましたが、そのコンセプトを実現するための非常に強力なツールが機械学習です。どのようなAIを設計するか、そのコンセプト自体は機械学習で自動的に決まるものではなく、人間が責任を持って決定を行う必要があることに注意してください。

機械学習の理論や技術は日々更新されており、機械学習というツールでできることは今後もどんどん増えていくはずですし、将来はいま私たちが考えるものとはまったく異なる新しい技術が主流になっているかもしれません。それでも、ツールを作ることと目的を設定することの間には大きな違いがあり、「ＡＩでどのような課題を解決するか」を決めるのはおそらく今後も人間の役割でありつづけるのではないかと思います。

これまでの多くのものづくりプロセスでは、課題を設定する役割はどちらかというとユーザーやデザイナーに近い立場の人が担っていました。既存のテクノロジーを使って新しい課題解決を考えたり、解決したい課題のために必要なテクノロジーの開発を発注したり、課題設定・アプリケーション設計と技術開発を切り分けて考えたうえで、分業制を取るのはごく普通のことだと思います。

一方、機械学習ベースのものづくりにおいて、課題を設定するのはデザイナーと開発者どちらの役割になるのでしょうか。

ここまでに見たように、機械学習というツールを使って何かをつくる過程では課題設定とその学習データが非常に重要な役割を果たします。課題を設定する行為それ自体が技術に直結するため、従来のようなやり方ではデザインと技術開発の分離ができなくなるのです。もちろん、ＡＩにおいても分離分業は不可能ではありませんが、このようなやり方では機械学習というツールの持つ可能性を十分活かせない可能性があります。特に、事前に専門家が何らかの目的を設定して学習した「ＡＩ」の使い方を考える、というアプローチを取ってしまうと、その応用先も専門家が規定した目的設定の範疇《はんちゅう》を超えることができなくなってしまいます。

逆に、先に目的を設定・デザインする場合、技術的に解決可能な問題設定とするためには機械学習というコンセプトをある程度理解している必要があります。そのため、非専門家だけでこれを実現するのは容易ではありません。

このような、専門家と非専門家の間のギャップは、アクセシビリティへの応用を考えるうえで特に重要な課題となります。研究者や開発者など、専門家サイドのコミュニティが障害当事者の需要を正しく理解することは容易ではない一方で、デザイナーやユーザー自身含め、非専門家サイドの当事者コミュニティがＡＩのあり方を決めることも難しい課題です。

専門家と非専門家、作る人と使う人、という区別を超えて、どのようなＡＩが必要か、当事者の意見を踏まえて議論・設計するための方法論が必要になります。

ワークショップ

このような背景を踏まえ、クロス・ダイバーシティが一つの目標として取り組んできたのが、障害当事者と研究者・開発者が一緒に課題を探索できるようなワークショップの開催でした。私たちが重視した考え方は主に二つあります。一つは、専門家（研究者・開発者）と非専門家（一般ユーザー・障害当事者）が互いにコミュニケーションを取れるような機会として設計すること。そしてもう一つが、専門家側も非専門家側も、自分の知らない技術や課題について一歩踏み込んで学ぶための機会にもなるよう意識するということです。

両者の知識ギャップについて、お互いが楽しみながら学ぶ機会をつくることでこの課題に向き合えるのではないかという期待がありました。

ワークショップという形でイベントを設計するうえで、そこに学びの要素をうまく組み入れるのは容易なことではありません。

機械学習のように、ある程度複雑な技術や最先端の研究成果を題材にしてワークショップを設計する場合はなおさらで、本来であれば非常に近寄り難い印象を与えてしまう題材です。表層的な体験に終わらせない学びと、入りやすさのバランスをどのように取るかが重要な課題となりました。

たとえば入りやすさに特化して設計する場合、技術的な詳細にはまったく触れずに、研究紹介とディスカッションを中心としたようなコミュニケーション重視のイベントにすることも考えられますが、一過性の体験に終始してしまい、学びという目的を達成するのが難しくなります。

一方、学びに特化して設計しようとすると、授業や講義に近いものになり、多くの人に門戸が開かれたイベントになるか疑問が残ります。私たちが目指したのはこの二つのちょうど中間にあるような、気軽に参加できてかつ学びの入り口に立つことができる機会をつくることでした。

インタラクティブ機械学習

コミュニケーションと学びの機会を提供する、という観点から、体験型のワークショップに注目しました。

何か新しい知識に触れる際に、単に受動的に話を聞くのではなく実際に手を動かすことが効果的で、体験型の授業もよく行われています。専門家と非専門家が実際に「AIをつくる」機会を設けることで、コミュニケーションと学びを実現するというのが私たちの考えでした。

とはいえ、前述したように機械学習を使ってAIを設計するプロセスはコンセプトや問題設定の領域の作業が必要になり「実際につくってみる」のは容易なことではありません。また、「AIをつくる」と言ってもその到達ゴールは色々あり得ますし、高精度なAIを本当に作るには技術的にも様々なハードルがあります。

そこで私たちは、楽しみながらAIのプロトタイピングを行えるようなワークショップを構想しました。解く問題を自由に定義し、学習に必要なデータを実際に与えて

AIワークショップの様子

モデルを訓練・検証する、という一連のプロセスを体験することで、機械学習というコンセプトや考え方を学ぶことをゴールにしています。

重要になるのが、高度な数学やプログラミング言語の知識がなくても機械学習の基本的なフローを体験することができる、非専門家向けのユーザーインターフェースです。そこで非専門家が簡単に自分独自の音認識モデルを作ることのできるシステムを開発し、これをワークショップにおけるコミュニケーションと学びのツールとして使うことを検証しました。

このような対話的（インタラクティブ）なユーザーインターフェースを通して一般

ユーザーが機械学習モデルのプロセスを実施する「インタラクティブ機械学習」という考え方自体は、以前から研究が行われていました。

専門用語としてのインタラクティブ機械学習は、単にデータのアノテーション（ラベル付け）をグラフィカルユーザーインターフェース（GUI）で行うだけではなく、モデルのテストや動作検証、学習データの追加や再学習を含めた一連のワークフローをユーザーが対話的に行えるような総合的な環境・システムを示したものです。

試行錯誤しながら音認識モデルをつくる過程を通して、未知のキーワードとしての「AI」からツールとしての「機械学習」へ理解が移り変わるのではないかという点に私たちの狙いがありました。

音認識ワークショップ

最初のワークショップは、機械学習と音認識に関する内容で、筑波大学で開催しました。日本で最初に視覚障害者と聴覚障害者であることを入学条件にした国立大学法人である筑波技術大学の学生や、クロス・ダイバーシティに興味のある方々に参加していただき、私たちの取り組みの目的について発表し、機械学習とは何かを説明した後、音を録音して、その音だけに反応するようなワークショップを行いました。ワークショップに参加していた、当時筑波技術大学の学生であった設楽《したら》明寿《あきひさ》さんに私たちが最初に出会ったのはこのときのことです（第4章参照）。

その後、ワークショップの効果を検証するためにあらためてより実験にフォーカスしたワークショップを行います*1。全国の聴覚障害者・難聴者にご参加いただき、富士通の汐留本社で機械学習についてのレクチャーを行いました。また、日常生活で困っていることやどのような音を知りたいのかワークシートを通して調査を行った後、インタラクティブ音認識システムのプロトタイプを用いながら、それぞれ特定の音に反応させるモデルの生成を行いました。

また、2019年3月には、ろう・難聴者と聴者がペアになり、共同して音の認識モデルをつくるワークショップを行いました。参加者はろう・難聴者6人と聴者6人の計12人。ろう者は隣に聴者がいることで、正確にモデルを作れているかのフィードバックを行うことができます。また、聴者はろう者とともにワークを行うことで、普段の困りごとや聞きたい音などについて学ぶことができました。参加した聴者のほとんどが、これまでろう者に出会ったことのない人たちでしたが、このワークを通じて、AIとは何か、障害とは何かを相互に学び合える場となりました。

プロジェクトからの学び

AIや機械学習をめぐる研究は日進月歩という言葉がふさわしく、日々大量の研究論文と新しい研究成果やプロダクトが登場しています。クロス・ダイバーシティプロジェクトの5年間でも、AIをめぐる状況は大きく変わってきました。そんななかでも、私たちが取り組んできた機械学習のハンズオン体験ワークショップを通した障害当事者のためのAIデザインは、基礎技術の進歩だけでは解決できない本質的な課題にアプローチする試みになっていたのではないかと自負しています。

機械学習体験ワークショップはその後も様々な形で実施されていきました。参加者の方々が非常に積極的に、楽しみながら体験してくれていることがとても印象的で、これは当初の想像を大きく上回るものでした。

ここには、重要な論点がいくつか含まれているように思います。一つ目は、実際にデータを与えてモデルを訓練する、という機械学習の考え方は、実はプログラミングなどに比べてもはるかに直感的に理解可能なものであるということ。初心者・非専門家がコンピュータを使ったものづくりを行うことができるようになるためのシステムやインターフェースの研究開発は古くから行われてきましたが、インタラクティブな機械学習環境は従来のアプローチよりはるかに広いユーザー層に到達するものになる可能性があると感じています。

二つ目は、こうした専門技術を一般の方々に届ける機会を設計するうえで、必要以上に技術をブラックボックス化しないことの重要性です。私たち研究者は、最新の技術を専門家コミュニティ外に届ける際、技術的な理解を求めることを諦めてしまいがちですが、見せ方やイベントの設計を工夫すれば、技術的な詳細に対する私たちの熱意まで伝えられるのではないかという強い感触を持ちました。

もちろん、このプロジェクトを通して扱ってきた技術はまだまだ初歩的なもので、AIや機械学習の可能性を活かすためにはほかにも扱うべき課題が残っています。このプロジェクトは、非専門家向けにツールとしての機械学習を提供することを目標として、さらに長期的に扱うべき研究課題を明らかにするという点でも重要なものでした。

「誰であっても機械学習を使ってモデルを作る側にまわれるはずである」という視点は、クロス・ダイバーシティチームの方法論や方向性という意味でも重要だったのではないかと思っています。

オンテナ＋AIワークショップの一参加者として出会った設楽さんが、その後「つくる」当事者としてクロス・ダイバーシティの主要なメンバーになっていったのは、私たちにとっても非常に重要な出来事でした。

第1章　Ontenna——AIでろう・難聴者の可能性を拓く

＊1　Yuri Nakao and Yusuke Sugano. 2020. Use of Machine Learning by Non-Expert DHH People: Technological Understanding and Sound Perception. In Proceedings of the 11th Nordic Conference on Human-Computer Interaction: Shaping Experiences, Shaping Society(NordiCHI'20). Association for Computing Machinery, New York, NY, USA, Article 82, 1-12.
https://doi.org/10.1145/3419249.3420157

第2章

OTOTAKE義足プロジェクト

遠藤謙
ソニー株式会社シニアリサーチャー

プロジェクトの始まり

2017年5月、以前から交流のある落合陽一から突然、メッセンジャーで連絡をもらったのがすべての始まりでした。

「CRESTに申請するから一緒にやらないか」というのです。引き受けるにあたり、私が出した条件は、「乙武洋匡さんを義足で歩かせる」ことでした。

乙武氏については、ご存じの方も多いと思います。

1998年に講談社から刊行された『五体不満足』では四肢欠損という重度の障害を抱えながら電動車椅子を用いて精力的に活動していることが世間に強いインパクトを与え、累計600万部を超える平成の大ベストセラーになりました。

私は2016年にネットメディアの対談ではじめて乙武氏と出会い、実はそのとき、すでに義足プロジェクトの構想をお話ししています。その5年ほど前のプロ野球の始球式でベンチからマウンドまで移動する乙武氏を見て、乙武氏に短い足が残っていること、しかもかなりの残存機能があることを発見していました。以来、「ロボット義足をつければ、健常者のように自然に歩けるのでは」――そう考えていたのです。

対談時の乙武氏本人の反応は非常に良く、「やってみたい」と言っていただけたので、5年越しの夢を実現することができると思っていたのですが……その矢先のことでした。

私との対談記事が公開された直後、週刊誌にスキャンダルがリークされ、乙武氏は凄まじい批判を浴びて予定していた参議院議員選挙出馬を取りやめ、活動の休止を強いられたのです。

その翌年に落合からクロス・ダイバーシティについて連絡をもらい、真っ先に頭に浮かんだのはOTOTAKE義足プロジェクトのことでした。

実はOTOTAKE義足プロジェクトについて私の周りの人たちの反応は非常にネガティブでした。乙武氏と一緒に何かをやることは、世間から批判を受けるリスクがあるからです。CRESTは科学技術振興機構という国立の研究開発法人のプロジェクトで、その資金は税金から捻出される国家予算の一部ですから、なおさらです。

ところが、クロス・ダイバーシティのメンバーに、乙武氏を義足で歩かせてみたいと伝えると、思いのほか前向きな反応で、面白がってくれました。メンバーは乙武氏が義足で歩くことには世間からの批判を問題にしないほど圧倒的なインパクトがあると直感的に理解してくれたのだと思います。

乙武氏はこれまで、移動するときには電動車椅子を使用しています。『五体不満足』のカバーにも電動車椅子に乗っている乙武氏の写真が使われていて、乙武＝車椅子というイメージがついていました。

そんな乙武氏が義足でスタスタ歩いて登場したらどうなるか。

メンバーにはすでにそのとき、ワクワクするような絵が見えていたのかもしれません。すぐに乙武氏に連絡をとり、落合と一緒に池袋のホテルのカフェで話をしたのをいまでも覚えています。当時、乙武氏は日本と海外を行ったり来たりする生活をしていましたが、2018年からは日本での活動を開始するという絶妙のタイミングで、世論の大逆風のなかついに義足プロジェクトが始動しました。

乙武大地に立つ

私は博士課程に在籍していたときからロボット義足の研究をしていましたが、今回の乙武氏のプロジェクトは四肢欠損者を義足で歩かせることを目標とするものになります。まずは義肢装具士の沖野敦郎《おきのあつお》氏とデザイナーの小西哲哉《こにしてつや》氏をメンバーに迎えました。

乙武氏は先天性の四肢欠損であるため、そもそも歩くという経験を持っていません。まずはもっとも難易度の低い目標を設定し、地面に立つことからチャレンジを始めました。沖野氏との相談を経て、最初に製作したのは膝関節を使用せず、乙武氏の大腿部《だいたい》の直下につける義足です。乙武氏は数分練習しただけで簡単に地面に立ち、短い足でちょこちょこと歩き出しました。短い足で一生懸命歩く乙武氏の姿がとてもかわいらしく見えたことが印象に残っています。

見た目は40代のおじさんなのに、歩くとてもかわいらしく見える——そ

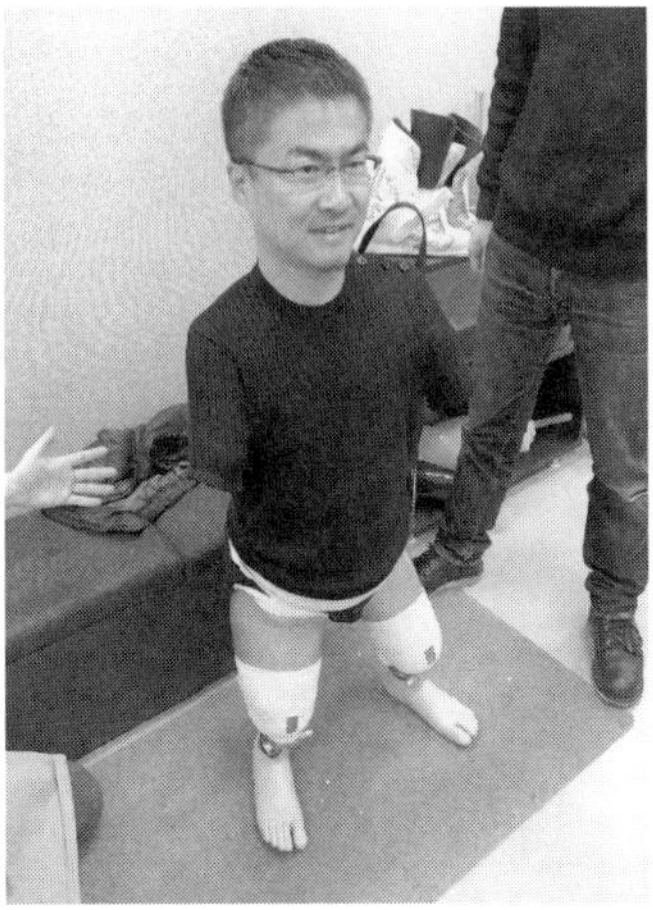

義足をつけて立つ乙武氏

のことに、なんとも言えない違和感を抱いたのです。

その後義足の長さを数センチずつ伸ばして歩行練習を繰り返し、徐々に歩行距離を伸ばしていきました。このままいけば問題なくロボット義足で自然に歩けるようになる——そう感じていました。

プロジェクトのお披露目として、2018年11月の「超福祉展」を発表の場に設定することになりました。

発表まで2ヵ月を切った時期、乙武氏の足にはじめてロボット義足を装着しましたが、ここで問題が発生しました。

片足で5キロを超える義足の重みのためか、足を持ち上げることができなかったのです。もちろん歩くこともできません。ロボット義足の膝継手《ひざつぎて》は片方で600グラムほどなので、練習すればそれほど大きな影響がないのではと高をくっていましたが、発表会を前に希望が絶望に変わりました。

しかし、落ち込んでいる暇はありません。

すぐに気持ちを切り替え、膝継手が屈曲しないよう常に伸展側にトルクを加え、足を伸ばしっぱなしの状態での歩行を目指すこととしました。事前に動画を撮影し、それを発表会で流す予定だったので、できるだけ歩行距離を伸ばそうと撮影当日まで練習を繰り返しました。

いっぽう、デザイナーの小西哲哉氏は撮影の日に向け、義足のデザインに取り掛かっていました。メンバーや乙武氏と話をしていくうち、黒をベースに赤いアクセントのあるトーンが乙武氏の好みだと分かったので、それをベースに人間の足のシルエットを残し、身体の一部として違和感のないデザインを目指しました。できあがった義足を見た乙武氏が、「かっこいい！」と目を輝かせたのを覚

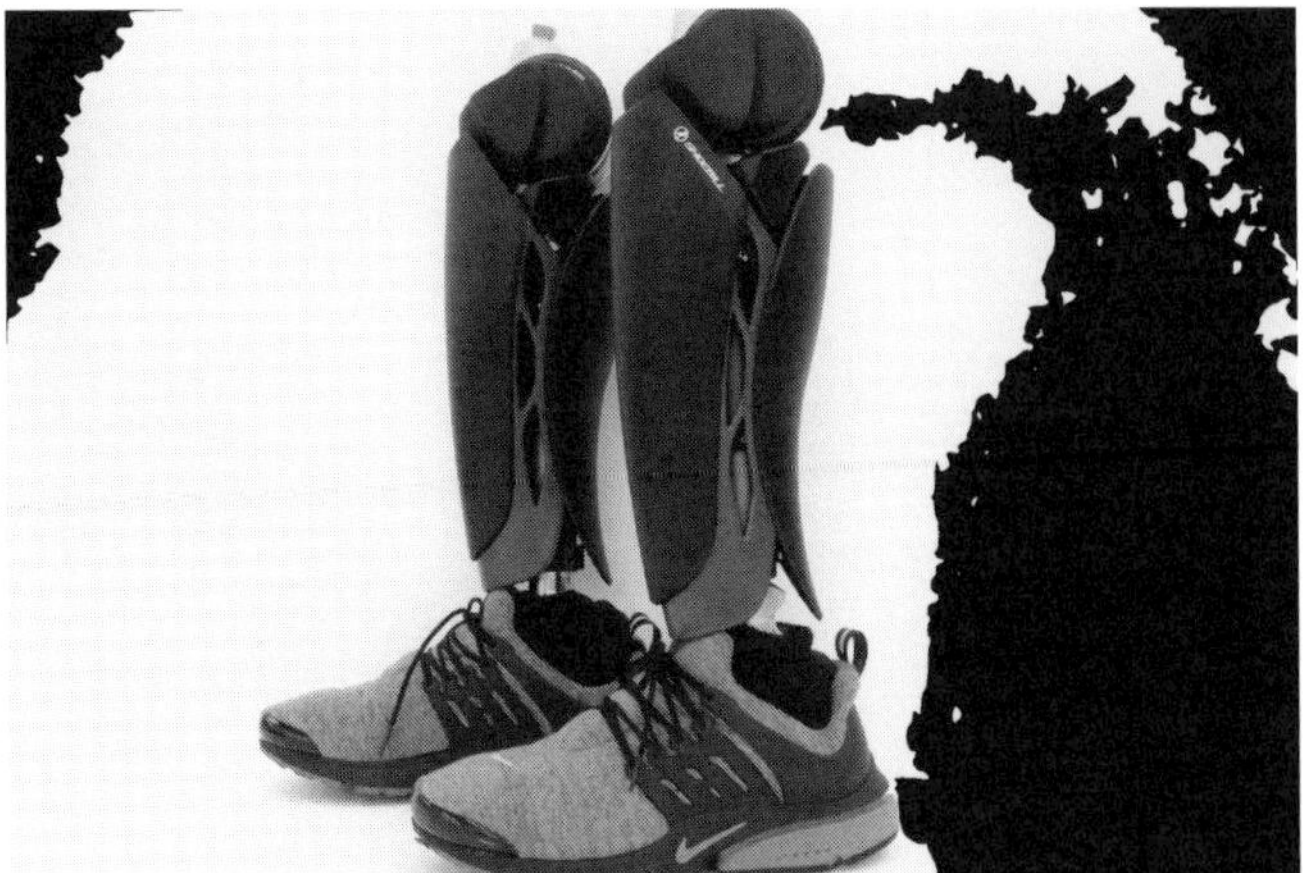

乙武氏のためにデザインされた義足

えています。

撮影当日――。普段は人がいればずっと話をしている乙武氏が、無口でスタジアム入りし、その顔はひと目で分かるほど強張《こわば》っていました。ここまでメンバーが一生懸命やってきて、もし一歩も歩けなかったらという不安があったのだと思います。

緊迫した雰囲気のなか、新豊洲Brilliaランニングスタジアムのスタートラインに立ち、そこからついに、歩行が始まりました。乙武氏は短い歩幅でゆっくりと一歩一歩進み、7・3メートルの距離を義足で歩きました。わずか7メートルでも、非常に長い距離に感じました。

発表当日の11月9日、クロス・ダイバーシティのメンバー全員が渋谷に集まり、OTOTAKE義足プロジェクトをはじめて世の中に発信しました。4人のメンバーと乙武氏は多忙で日程調整が難しく、この日は落合陽一の都合がつきそうにありませんでしたが、なんとか調整し、イベントの最初の15分だけ登壇するスケジュールを確保しています。

乙武氏が車椅子ではなく義足で立っている写真のインパクトは大きく、たくさんのメディアに取り上げられ、以後乙武氏は徐々に活動の幅を広げていきました。クロス・ダイバーシティが世の中の空気を変えた瞬間でした。

理学療法士の加入

プロジェクトが進む中、一つの課題が浮かび上がっていました。

義足の技術やデザインだけでなく、身体の専門家の重要性を感じていたのですが、リハビリテーションを指導する理学療法士がメンバーにいなかったのです。プロジェクト発足当時、ある理学療法士に打診していたのですが、断られてしまっていました。

そうした中、私は知人を通じてある理学療法士に面会し、彼にプロジェクトの話をすると興味を持ってくれたので、乙武氏の練習に来てもらうことにしました。

歩きづらそうな乙武氏を見ていた彼が簡単なアドバイスをすると、乙武氏の歩みが明らかにスムーズになったのです。このときは感動しました。私のようなエンジニアや義肢装具士は足を起点にミクロに動きを見てしまいがちですが、理学療法士は身体の動き全体からマクロに考えるため、我々にはない視点でプロジェクトを見ることができたのだと思います。乙武氏の強い希望もあり、その場で、プロジェクトに加入してもらえないかと依頼しました。

その若い理学療法士の名前は、内田直生氏。

ほめると調子に乗るタイプの乙武氏をうまくコントロールし、辛いリハビリテーション期間中もうまくモチベーションを維持して、歩行距離をどんどん伸ばしていきました。彼がいなかったらOTOTAKE義足プロジェクトもここまで長く続くことはなかったと思います。

さらに義足の軽量化、膝継手のコントロールの改善、義手の導入など様々な改良を行っていきました。当初、このプロジェクトはもっと研究開発的なものになると思っていましたが、実際には内田氏の属人的なコミュニケーション能力に頼った当事者研究となっていきました。

〝健常者〟に寄せないアプローチ

プロジェクトの発足当初は、乙武氏が違和感なく〝自然に〟街中を歩いている風景を目指していました。

我々が考える〝自然な〟歩行とは、足が地面に着いていない遊脚時には膝を大きく曲げて振り子のように前に振り出し、足が地面に着いている支持時には踵《かかと》接地から爪先で地面を蹴り身体の重心を前に進める動作です。この動作は2組の足部、下腿、大腿が骨盤について、各筋肉が〝正常に〟機能する場合には効率的な移動手段であると言えます。

逆にいうと、これらの条件に当てはまらない場合は、〝不自然〟かつ非効率な移動手段となってしまいます。健常者が行っているような歩行運動の再獲得を望む切断患者は多く、我々も〝自然な〟歩行運動を目標にしていました。

しかし、プロジェクトを開始して1年ほど経ったころ、リハビリテーションがうまくいかず、歩行距離が伸び悩んでいました。特に乙武氏の左足の動きが右足に比べて悪く、どうしても力強く地面を蹴ることができなかったのです。その原因を探るため、乙武氏の股関節周りのＭＲＩ（磁気共鳴画像）を撮り、その映像を見てメンバー一同驚愕《きょうがく》することになります。乙武氏の左股関節は、想定とはかなり異なる位置にあったのです。

偽関節と呼ばれる現象で、乙武氏の左股関節が健常者と異なる位置で固まってしまっているため、左股関節周りの筋肉が弱く、可動域も小さいことが判明しました。そのため、いくら義足を軽量化しても左足で踏ん張ることができず、右足の義足をうまく前に振り出すことができなかったのです。

こうした結果を受けて、健常者のような〝自然な〟歩行を目指すのではなく、乙武氏の身体の状況や残存機能に適した歩き方を模索するようなアプローチに変わっていきました。

未来館での発表会

このプロジェクトは元々、乙武氏が東京2020オリンピック・パラリンピックの聖火リレーランナーとして走ることを目指してスタートしました。

乙武氏が沿道の声援を受け、聖火を持ち、ロボット義足で〝自然に〟歩く写真は歴史に残るはずだ――プロジェクト発足当初からそんなふうに考えていました。そのため、週に1回の厳しいリハビリテーションを行っていたのです。

それが実現できないと分かったとき、しばらく目標を見失ってしまったのは事実です。このままだらだら続けるのも良くないと、最終発表会の場として考えたのが、クロス・ダイバーシティの活動拠点のある日本科学未来館3階の長い中央通路を歩くチャレンジでした。

チャレンジを行った2021年9月28日は新型コロナウイルスの感染拡大の真っ只中だったため、関係者やこれまでお世話になった方々、メディアだけを招待して最終発表会を行い、オンライン配信しました。

このチャレンジで乙武氏は予定されていた50メートルを踏破し、さらに距離を伸ばして67メートルを歩きました。これには本人も驚いた様子で、練習すればまだまだ距離が伸びると感じたようです。

この不完全燃焼感がさらに乙武氏を駆り立て、最終発表会で終わる予定だったプロジェクトは、もう少しチャレンジを続けていくことになりました。

100メートルチャレンジ

2022年の3月ごろ、乙武氏のマネージャーから最後のチャレンジの場として国立競技場で発表会をやりたいという打診がありました。

そのころ、練習での歩行距離は100メートル近くに達していて、支援者の前で100メートルの歩行にチャレンジしたいというのです。しかし、体調やコンディションによっては30メートルも歩けない日もあり、理由もよく分からない状態でした。調子がいい日には長い距離を歩けるのですが、調子が悪いと左足に大きな負担がかかり、足が動かなくなるのです。様々な対策を講じたもののブレイクスルーには至らず、国立競技場での100メートルの距離は我々にとって非常なチャレンジとなりました。

5月16日のチャレンジ当日、細かい雨が降るなかで準備が進められていたとき、張り詰めた緊張感を破るように、電話が鳴りました。落合からです。

「なんか、中に入れてもらえないんだけれど」

国立競技場のトラックを一歩ずつ、自力で歩いた

ほかのメンバーが競技場に集まっているのに、プロジェクトリーダーの落合が入り口で警備の人に足止めされるというトラブルが発生していたのです。

ようやく競技場に到着した落合は、「入れなかったよー」と笑いを誘い、現場の緊張が少し和らぎました。しかし当の乙武氏はそんなトラブルが起こったことも知らず、一人極度の緊張状態で、「乙武さん、こんにちは」という落合の挨拶にも生返事を返すだけでした。

プロジェクトメンバーや来場者の気持ちが通じたのか、挑戦の直前になって奇跡的に雨が上がりました。いよいよだ――。

乙武氏は目標の100メートルを通り過ぎ、見事117メートルの距離を歩ききります。このチャレンジを区切りとして、ＯＴＯＴＡＫＥ義足プロジェクトは結末を迎えました。

古典的な科学では、一般的に理想的な環境で再現性の高い現象に真理があると考えられ、その真理に近づくために多くのデータを収集することが求められます。

一方で、人間には身体が大きい人もいれば小さい人もいて、足の速い人や遅い人、男女の性別もＬＧＢＴＱなど多種多様です。一口に四肢欠損といっても、乙武氏のように大腿部以下がない場合もあれば、下腿部まで残っている方もいます。

乙武氏のような上肢の上腕の１／２と大腿部１／２の四肢欠損のある障害者を何人も集め、データを収集することはほぼ不可能です。ビッグデータに代表されるサイエンスは論文化にもその後のビジネス化にもつながりやすい一方、マイノリティや滅多に起こらない現象に対しては、適切なアプローチであるとは限りません。

歴史を見ても、再現性のない事態はしばしば発生しています。

１９９５年の阪神淡路大震災、２０１１年の東日本大震災、２０２０年から世界中に感染が拡大した新型コロナウイルスなど、過去に類似のことがあった事象でも、その都度人類は多大な被害を受けてしまいます。過去のデータだけでは予測や対策が難しいため不確定な要素が大きく、対応が後手後手になってしまうのです。データの蓄積しやすい現象についてはある程度確度が高い予測ができ、投資に対するリターンを得やすいと言えますが、データの乏しい現象は、予測や対策への投資へのリターンが見えづらいのです。

同じようなことが人間の身体や運動にも言えます。いわゆる健常者へのサービスや製品は多くの類似した身体を持つ人の市場があるため、データも蓄積でき、ビジネスにつながる機会も多いと言えます。一方で障害者やLGBTQのように人口が少なく、求められるサービスや製品が一人一人異なる場合、投資に対するリターンへの期待が少なくなり、経済成長を目標とする社会ではどうしても後回しにされてしまいます。

このようなN＝1の事象に対する研究課題に取り組み、そこで得た知見をボトムアップ的に広げるアプローチに私は期待しています。

このように考えるようになったのは、学生時代に経験した二つの授業がきっかけでした。

一つはMIT（マサチューセッツ工科大学）のビジネススクールのエリック・フォン・ヒッペル教授のユーザーイノベーションに関する授業です。この授業は、

・社会課題に関する知識は当事者が一番理解している
・その課題を解決するのはユーザーが適している
・そこで開発された解決手法はほかの課題でも再利用可能であることがある

という内容で、これまで大学や企業が担っていたイノベーションを、今後は民主化していくという力強いメッセージを感じました。

二つ目はテクノロジーによって途上国の課題解決を目指すMITの研究機関D－labです。私はD－labの教官の一人としてインドの安価な義足技術開発に関する授業を担当していました。

D－labではコミュニティを情報源ではなく、デザイナー（作り手）として巻き込むことを重要視していました。私は日本で生まれ、アメリカで生活していたので、インドの文化や思考を学ぶことはできても現地の人ほど深く理解することはできませんし、そこに骨を埋《うず》めることもできません。やはり現地の人自身がプロジェクトを継続していくことが望ましいのです。D－labでは課題解決を図るだけでなく、現地

の人が現地の材料や加工技術を使って作り、現地でビジネスを回すことを目標としていました。

こうした考え方は、OTOTAKE義足プロジェクトだけでなくスポーツ用義足の開発や普及、CRESTのほかのプロジェクトと共通した部分も多く、いまも当事者を巻き込むことを非常に重視しています。

統合型プロジェクト

プロジェクトがスタートしたときは、正直言って、どこに落とし所があるのかはっきり見えていませんでした。

CRESTのようなアカデミックな予算は、最初に研究計画や想定されるアウトプットを示す必要があるので、このようなプロジェクトとは本来、相性が悪いのですが、クロス・ダイバーシティの面白さを理解し、許容していただきました。

当初は乙武氏が〝自然な〟歩様を獲得することで、その義足の機構・コントロール技術・ユーザーインターフェース・AIを用いた個別データにパラメータフィッティ

プロジェクトのメンバー。左から内田、遠藤、乙武、沖野の各氏

ングすることが研究テーマとして想定されていました。しかし、上述の通り乙武氏の固有な身体で〝自然な〟歩様を得ることは不可能であると判断し、結果的に独自の歩様とそのパラメータ調整、リハビリテーションプロセスをアカデミックなアウトプットとしました。さらに、今回はアカデミックな活動としてではなく、様々な専門性を持ったメンバーがそれぞれの目的を持ち、全員で大きな目標を目指すという統合型のプロジェクトになりました。

自分たちのチームを説明するにあたり、当初、ドラゴンボールのギニュー特戦隊やドラゴンクエストのパーティのような例を用いていましたが、最終的に我々はワンピースの麦わら海賊団なのではと思うようになりました。プロジェクト開始の半年後、私はメンバーにRoad mapという資料を配り、以下のように書いています。

麦わら海賊団はワンピースをチームの大きな目標に掲げながら、メンバーそれぞれが異なった夢をもっています。ルフィは海賊王、ゾロは世界一の大剣豪、サンジはオールブルー（伝説の海）を見つけるために、ウソップは勇敢な海の戦士、ナミは世界地図を描くために、チョッパーは万能薬になる、フランキーは仲間と「自分の作った船」で旅に出て、その船が世界の果て（ラフテル）まで達するのを見届けること、ブルックはラブーンとの再会、ニコ・ロビンは「真の歴史の本文」です。乙武義足プロジェクトは以下のようなBig Visionと個々の夢を叶えるための大きな船です。

プロジェクトのメンバーになってもらう人の基準としたのは、①その業界である程度の経験がありながら、まだ未熟で若手であることと、②野心があることとの二つでした。

メンバーは異なる専門性を持ちながら密かつ謙虚に話し合い、同じ目標に向かいながら切磋琢磨することができたと思います。議論になることは何度もあったものの、感情的な言い争いになったことは私の記憶では一度もありませんでした。乙武氏によると、お互い意見はあるものの最終的には私に判断を委ねる形でチームがまとまっていたからだということです。

私は本当にチームメンバーに恵まれたと思います。

乙武氏が歩く意義

本プロジェクトが始まった当時、私は乙武氏が歩くこと自体に興味を持っているものと思っていましたが、プロジェクトが進むにつれ、乙武氏は歩くこと自体でなく、自分が歩くことによって社会に広がる影響のほうに断然強い興味を持っているということが分かりました。

そもそも乙武氏は無理して歩かなくても電動車椅子を駆使し、日常生活ではそこまで不自由なことはないのです。では乙武氏がわざわざ扱いの難しい、重いロボット義足で歩くことにどんな意義があるのでしょうか。

乙武氏には四肢欠損という重度の障害があります。両腕も上腕1／2程度、両大腿も1／2程度しかなく、歩行するにはまったく適していない身体です。しかもこの障害は先天性で、これまで歩いた経験すらないのです。歩くことにチャレンジすることもほとんどなく、車椅子での生活を訓練してきました。四肢欠損者は歩くことが難しいから車椅子を使う、という構図ができてしまっているのです。

前述した通り、乙武氏自身は、歩くこと自体にはそこまで興味を持っていませんが、四肢欠損患者のなかには歩きたいと思う人もいます。そんな人のために、「四肢欠損でも歩けるのだというオプションを用意したい」ということを、乙武氏はいつも口にしていました。

これまでは「歩けないから車椅子」だったのが、「歩けるけれど車椅子」という形に発想を広げたいと考えているのです。

障害があることで、健常者には当たり前に用意されているオプションを選ぶことができない。そんな社会に一石を投じるメッセージを広げることを意図していました。

テクノロジーには、障害などのせいで努力ではどうすることもできないような壁を取り除く力があると私は思っています。

MIT時代の恩師、ヒュー・ハーの、「世の中には身体障害はない。ただ、テクノロジーのほうに障害がある」という私の大好きな言葉があります。障害を持ってしまったからこれができない、という「当たり前」は、テクノロジーによってそれを打破できるのです。乙武氏が義足を使って歩くことの意義のひとつは、四肢欠損イコール車椅子という「当たり前」に大きな風穴を開けたところにあると思っています。

義肢というメディア

メディアという言葉は元来、「二つのものの間に立ち、両者を仲立ちする」「媒体」という意味を持ちます。そして、マスメディアは、情報発信者と大勢の人の間に立ち、情報を伝える役割を持っています。私にとって義肢は、様々な意味でメディアなのだと捉えています。

義肢は通常機能として、生活環境と乙武氏の身体の間に立ち、歩行運動を成り立た

乙武氏を中心に、OTOTAKEプロジェクト関係者が集う

せる役割を持っています。アカデミックなアプローチとしては、ロボット義足の機構やコントロールパラメータを調整することにより、乙武氏の身体と環境が相互に連携するよう機能させることを目指しました。さらにOTOTAKE義足プロジェクトでは、義足がテクノロジーとしてだけのメディアでなく、情報発信メディアとしても機能しました。

沖野氏はこのプロジェクトを通して、世間にはあまり知られていない義肢装具士という職業を、多くの人に知ってもらいたいという思いを持っていました。

同じように内田氏も、理学療法士という職業への理解を広げたいと考えていました。

日本には約6000人の義肢装具士の国家資格保持者、20万人ほどの理学療法士の資格保持者がいます。その仕事内容を、プロジェクトを通じて発信していきました。特に、フジテレビのバラエティ番組「ワイドナショー」にはプロジェクト当初から密着取材していただき、乙武氏が番組に出演した際には、義肢装具士と理学療法士に何度も言及してもらいました。

このプロジェクトはテレビだけでなく、乙武氏や落合陽一のSNS、クラウドファンディング、各種イベントを通じて、多くの人に知られるようになりました。

このような発信の形は、論文を中心とした従来型の研究プロジェクトのアウトプットでは絶対にできなかったと思っています。

OTOTAKE義足プロジェクト　メンバーが目指すもの

遠藤謙（エンジニア）

世界一のエンジニアになる

ロボット義足が当たり前に使われるようにすること

沖野敦郎（義肢装具士）

義肢装具士をなりたい仕事の上位にする

四肢欠損でも歩きやすい義足作り

内田直生（理学療法士）

理学療法士といえば内田となるように

四肢欠損の人に後天的に歩行やその他運動を習得させるためのプロセス

小西哲哉（デザイナー）

いままで世の中になかったものをデザインする

四肢欠損の人が歩いても自然に見えるようなデザイン

乙武洋匡（パイロット）

障害者やLGBTのような社会的弱者と呼ばれている人たちの住みやすい社

会づくり

自分のような障害者に対して歩くという選択肢の提示

参考文献

『民主化するイノベーションの時代』エリック・フォン・ヒッペル（ファーストプレス）

第3章

OTON GLASSからファブビオトープへ

島影圭佑
デザインアクティビスト

オルタナティブなプロトタイピング

この章では文字を読み上げるメガネOTON GLASS（オトングラス）や、そこから発展して生まれた小さな生態系をつくるプロジェクト、ファブビオトープについて紹介していこうと思います。

まず、オトングラスの変遷をたどりながら、本プロジェクトやクロス・ダイバーシティにおいて重要な概念である「プロトタイピング」について考えていきたいと思います。

オトングラスはプロトタイピングの手法によって開発されたものです。開発に携わった仲間の存在や、技術環境などを反映してバージョンアップを重ねました。

オトングラスは大きくバージョン5まであり、中でも重要な役割を果たした奇数番号のバージョン1、3、5のオトングラスについて紹介していきます。

一般に言われるプロトタイピングが、身近な素材を組み合わせて体験可能な試作品をつくり、それを体験することで開発効率を上げることとしたとき、オトングラスにおけるプロトタイピングの目的はそれとは異なっていたと言うことができそうです。

オルタナティブなプロトタイピングの事例としてのオトングラスを振り返ることで、当事者であることとつくり手であることが一致する「等身大の制作」や、大きなロジックでは取り組むことのできなかった、マイナーな課題を対象とした新たなロジックを手に入れる可能性について考えていこうと思います。

それはクロス・ダイバーシティの挑戦と共鳴し、新たな「つくる」という行為や、そのつくり手像を提示することができるのではないかと考えています。

当事者でありつくり手であること

バージョン1のオトングラスは、私の父の失読症をきっかけに開発されました。

私が大学生のとき、父が脳梗塞で倒れ、その後遺症で文字を読むことができない失読症が残りました。

当時、大学でデザインを学んでいた私は、「いま自分が本当につくる必要があるのは、父の課題を対象にしたものなのではないか」と考え、同世代の仲間とともに、オ

オトングラスバージョン1

トングラスのバージョン1の開発を始めます。2013年当時、日本でも手に入るようになっていた名刺サイズの教育用マイクロコンピュータであるラズベリーパイを使い、さらにWeb API(Application Programming Interface)による文字認識や音声合成といった技術を扱いました。具体的には文字を撮影してクラウド上で処理を行い、デバイス側のスピーカーやイヤホンでその文字を読み上げるという仕組みを採用していました。

以降のバージョンのオトングラスも、扱う要素技術は変わりながらも同様の仕組みを採用しました。バージョン1はオトングラスの原型といえます。

とはいえ当時の技術では特定の短い単語を撮影して一定時間待って音声が返ってくる程度のもので、まだ精度や処理速度も十分でなく、体験として心が動くというところまでは至っていませんでした。そういう観点から見ると、まだ質の低いものだったかもしれません。

しかしこの後、バージョンが上がってインターフェースの質が向上していくと、逆にバージョン1のオトングラスに違う価値が見えてきたのです。

それは、「当事者でありつくり手」として複雑な問題に寄り添うというふるまいがありうるということです。当時の私にとって、オトングラスのバージョン1は、父の失読症という問題に対して、自らのつくり手としての専門性を使うという形で、当事者である自分とつくり手の自分が重なるクリエイションの結果でした。

当時、私はデザインを学ぶなかで、自らの当事者性から離れた課題に自らの専門性を使うことに違和感を覚えていました。また多くのデザインが消費を加速させる役割へに失落していることにも違和感がありました。むしろ1960年代に始まったラディカルデザインの歴史や、その精神性を受け継ぎ、現代においてそれを実践する広義のデザイナーに希望の光を見ていました。そのころ父が失読症となったことで、自分にとっての切実な創造力が引き出され、その結果としてオトングラスのバージョン1が生まれたと捉えることができるかもしれません。

バージョン1のオトングラスは、自分がどうにもできない状況に置かれたとき、高度なスキルや大きな資本を持っていなくても、身の周りにある様々なものを組み合わせてプロトタイピングし、複雑な課題に取り組むことができ、その可能性は誰にでも開かれているということを示しているように思います。

小さな社会の造形

次にオトングラスのバージョン3について振り返っていきます。

バージョン3においてもっとも大きな変化は、機械学習技術の爆発的な精度向上や処理速度の向上が反映された点でしょう。

2016年当時、誰にでもアクセスできるウェブAPIの形をとった機械学習技術

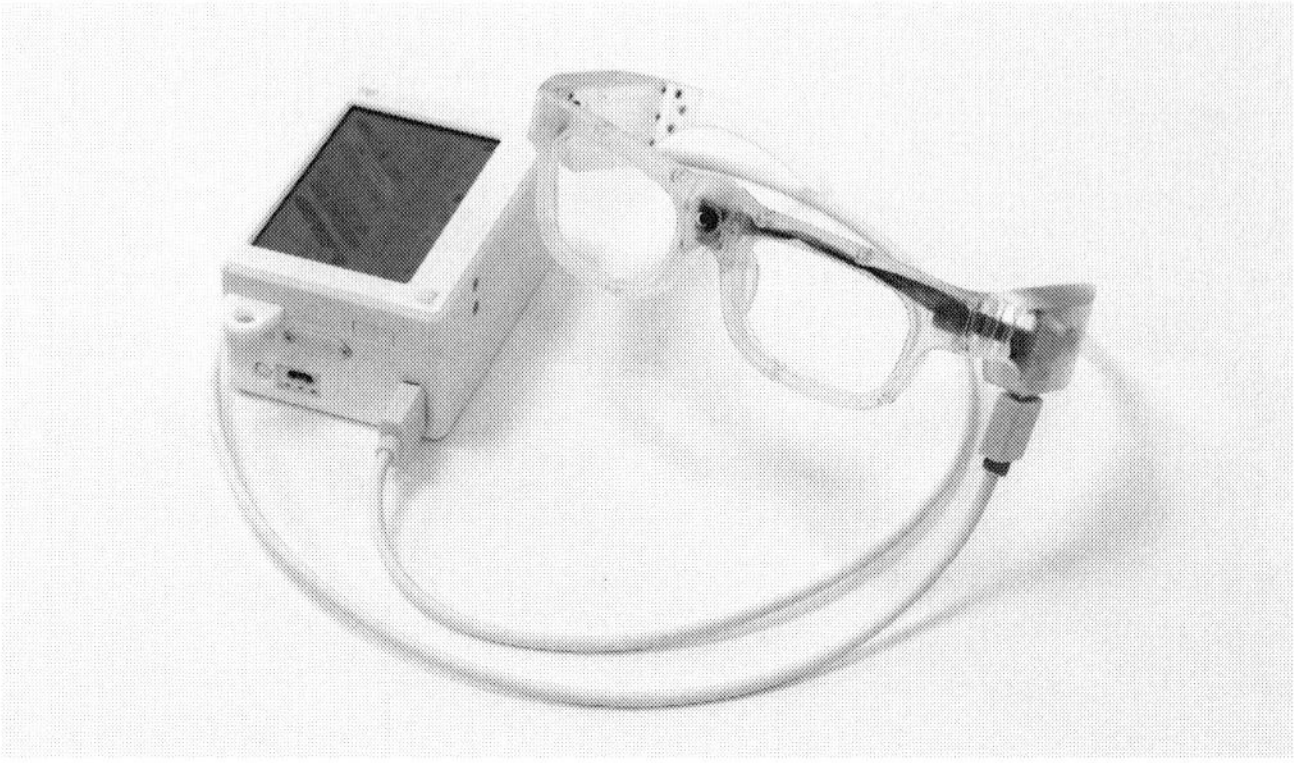

オトングラスバージョン3

に精度向上の波が訪れます。それによって、オトングラスの重要な要素技術である文字認識や音声合成部分がアップデートされ、以前のモデルではコンセプトを伝える程度の体験に限定されていたものから、体験によって心を動かすものに進化します。

バージョン3では東京を皮切りに多くの展覧会に参加・出展し、そこから金沢の美術館で展覧会を開催させてもらうことになりました。そこで多くの人にオトングラスと出会い、体験する機会を持っていただくことができました。

その過程で、目が見えづらく文字が読みづらい視覚障害者の人たちとの出会いがあり、ここから視覚障害者との協働が始まっていきます。

ここで重要だったのは、機械学習技術の向上によって、観賞者がオトングラスを体験することで心が動く段階まで体験の質を上げることができた点でしょう。言語や記号的なものではなく、より感覚的・身体的な体験として多様な人々にオトングラスと出会ってもらうことができました。

それによって私自身も多くの人と出会っていったことになります。

触媒としてのプロトタイプ

次にオトングラスのバージョン5について振り返っていきます。

バージョン5の発表と同時に、ファブビオトープ＊1という当事者兼つくり手による小さな生態系の構想を発表しました。

ファブビオトープ自体については後述しますが、このオトングラスのバージョン5は、視覚障害者とエンジニアが協働して発明する際に彼らの触媒となるツールキットとしての役割を果たしたモデルとなりました。

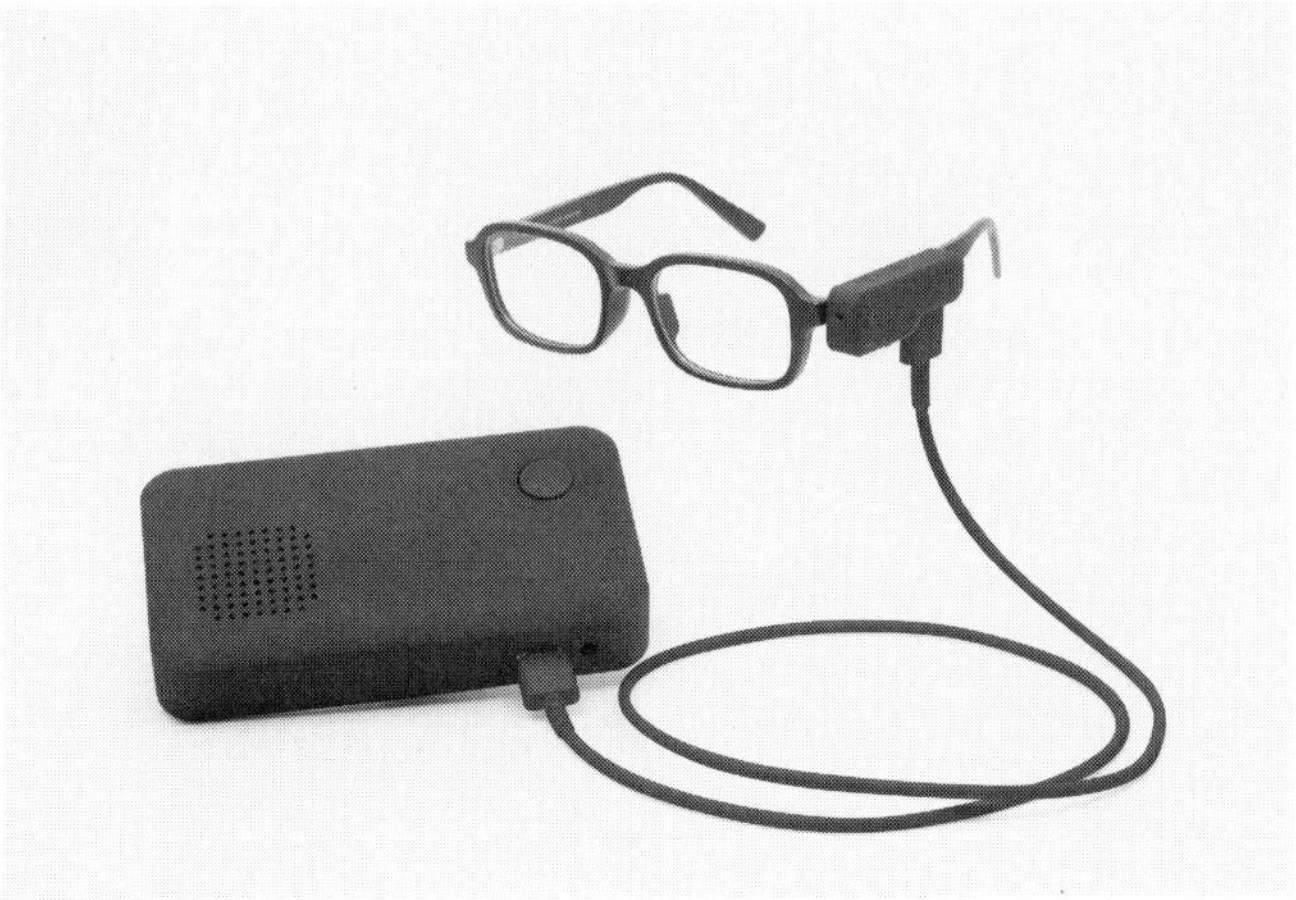

オトングラスバージョン5

具体的には全盲のプログラマーや弱視の建築家と、プロトタイピングを得意とするエンジニアが協働し、その人のためだけのオトングラスを再発明するという実験的な取り組みを行いました。

たとえば、弱視の建築家と3Dモデリングや3Dプリンティング、フィジカルコンピューティングを得意とするエンジニアが協働し、ペン型のインターフェースのオトングラスを開発しました。

造形の決め手となったのは、その建築家の方が普段からペンを持ち歩いていて、それを使ってドローイングを描いて自身の建築のプロジェクトを動かしており、日常からペンに親しみ、それが生活の必需品になっていたというからでした。

ペン先にカメラがついていて、対象の文字にペン先を近付けることによって読み上げるプロトタイプをつくり、それを持って街に出て使ってみる。そこで得た気付きを共有しました。

ここで重要なのは、もちろんインターフェース上の課題は多々あるものの、N＝1という設計の前提によって、一般的なユーザーインターフェースの設計において変数として入らない「個人の生活史」という非常に個別具体な小さな文脈における所作やそれによって獲得される安心感や親しみ、そこから拡張される新たな身体性が発見されたことです。一度、近代化や大量生産の前提から抜けて、一対一の関係の中から、ありうる道具の姿を考えてみる。デザインされた「もの」によって人間像自体もデザインされるという原理に立ち戻ると、その道具の姿をつくりながら考えていく過程で望ましい現実への想像力が取り戻されるかもしれない。

少し大きく言ってしまいましたが、これらの視覚障害者とエンジニアの協働事例、その過程で発生した対話から、私自身そういった可能性を感じていたのでした。ペン型の事例のほかに、全盲のプログラマー自身が自らが欲しい機能を簡単にプログラムできる、オトングラス自体をメタメディアとして促えたものや、オトングラスの一人称視点を遠くにいるヘルパーに共有し、ビデオ通話のようにすることで、遠隔でも同行援護ができるようなプロトタイプを開発しました。

オトングラスがこのような形でツールキットとして機能したのは言うまでもなく、それが完全なＤＩＹによってできたものだからです。

またオトングラスのバージョン5を開発したエンジニアとプロダクトデザイナーがそのソースを共有し、再発明に併走してコミュニケーションすることで、彼ら自身が開発環境の一部になっていたということも重要です＊2。

道具自体が半完成品であることで、それを触媒としたコミュニケーションが可能になりました。そこに関わる人々の、社会の中での役割や人間像自体も流動的なものになります。バージョン5のツールキット性から、それが機能する社会像自体を想像し直す――それがファブビオトープという構想につながっていきます。

当事者兼つくり手によって構成される小さな生態系

ファブビオトープという言葉は筆者の造語ですが、「Fab」を当事者であり、かつつくり手であることが一致する状態での「つくる行為」であると定義しています。「Biotope」は小さな生態系という意味で、ファブビオトープは当事者兼つくり手によって構成される小さな生態系を意味します。

彼らのつくる行為によって生成されたものの流通系や、それによって発生する手触り感のある経済などの循環系をどのように設計しうるかというかということを構想しています。

従来のロジックではこぼれ落ちてしまう「つくる行為」に光を当てる。また同様に現在の社会には、そのつくる行為によって生成されたものを流通させたりまたそれによって経済をつくったりする系がないので、それ自体も自分たちで自作してしまおうという試みになっています。

ここでは、その現在進行形の試みについて紹介していこうと思います。

私がオトングラスからファブビオトープへ展開していった理由は、端的にはそこに横たわる問題があまりも複雑すぎたからです。そしてそれは簡単には解けなくて、むしろその複雑すぎる問題にいかに個々人が寄り添っていくか、そこで発生する創造性にこそ可能性があると思ったからです。

私自身が活動の中で様々な視覚障害者の人々と出会ってきて、彼らが置かれた状況に対して、より本質的なアプローチがないか、その模索の中で生まれたのがファブビオトープなのです。

現在もファブビオトープのプロジェクトでは、主にオトングラスの活動で出会った視覚障害者の方やエンジニアたちと協働しています。

また「“現実”の自給自足展」という展覧会を企画運営し、そこでは協働している視覚障害者やエンジニアに出演者として参加してもらったほか、当事者兼つくり手の側面を持つと感じる多様な人々にお声がけし、彼らの身体的な知や方法論を社会にひらく試みを行いました。

「“現実”の自給自足展」に関しては、第6章で詳細を紹介したいと思います。

個別の現実をデザインする

まずは、ある視覚障害者の方と取り組んでいるプロジェクトについて紹介します。中程度の視覚障害者で、中心暗点という真ん中の視野が欠けて周辺の視野が残っているような見え方をされています。社会人になってから目の見えづらさを抱えるようになりますが、様々な支援技術を組み合わせて自分一人でできることを増やしたり、会社の人に自分自身の状態を伝え、会社の中での居場所をつくったりすることで、いまも同じ職場で同じ仕事を続けられています。

私は、オトングラスの活動を通じてその方と出会いました。

その方自身の生活や仕事を構築する独自の工夫を聞くなかで、その工夫自体がクリエイションであると感じ、プロジェクトをご一緒できないかとお声がけしました。

いま、取り組んでいるのは、その方の独自の工夫を、似た身体像の人に伝えることを目的としたプロジェクトです。その方は結婚されていてパートナーがいますので、パートナーの方にスマートフォンで日常の中の工夫を撮影してもらうようお願いしました。

その映像を元に、「“現実”の自給自足展」の企画のひとつとしてロングインタビューをさせていただきました。聞き手には私のほか、哲学対話などインクルージョンのための哲学実践を行っている哲学者の方に参加していただきました。このロングインタビューは展覧会会場を収録スタジオに見立て公開収録の形で実施しました。現在、ポッドキャストや定点映像のかたちで視聴できますので*3、ご興味がある方はぜひお聴きください。

このインタビューではパートナーの方が撮影した映像群や、普段その方が使っている支援技術としての道具をご紹介いただき、目が見えにくくなる前と後、さらに様々な工夫を試して新たな自立を獲得した現在に至るまでを時系列で伺っていきました。

そのインタビューの内容は、その方自身に起きている目の見え方や、それによって発生する生活や仕事への影響、そしてその方自身の独自の工夫によるその問題への寄り添い方によるもので、あくまで非常に個別具体的な事例でしかありません。

しかし、その個別の現実がいま現在立ち上がっているのだと、当人の肉声を通して、似た境遇、似た身体像の人に伝わることは、非常にインパクトがあるものなのではないかと考えています。それを私は、まぎれもなく「生」の宿った知であり、特定の人の心を動かす表現としての知と考えています。

また、その方は、いまも目の見えづらさを持っていて、一定の自立や共生を新たに実現しながらも、問題に寄り添いつづけています。その方が自らの生を語ること、そして私をはじめとした編集的制作を行なうつくり手との協働で、その語りを拡声すること、そういったことに共に取り組んでくれている彼の身体というのはまぎれもなく表現者なのです。

哲学者や私など複数人との対話によって、徹底して個別の生について考えていく先に、普遍的なものが立ち上がってきます。それは目の見えづらさなど直接的な身体の類似に限定されず、いまを生きる人たちに多くの問いを渡すものになるのではないかと考えています。対話の中にも普遍的な問いが現れてきます。ぜひ聴いてみていただけると幸いです。

等身大のエンジニアリング

次にエンジニアとの協働事例について紹介していきます。

現在、主に大学や専門学校などでインタラクションデザインを教えている教育者と協働して、オトングラスを題材にプロトタイピングの型を伝える教材やワークショップの制作を行っています。

『Prototyping with OTON GLASS』という題で、オトングラスと筆者の物語と、そこで登場する情報技術に実際に触れてみる演習がセットになった内容です。

そのワークショップの戯曲という形で原作書籍をつくり、そのデジタル版をウェブ上で講読することができるようになっています。演習部分は現在更新中ですが、物語部分は現状のバージョンのものをお読みいただける状態になっています。

この挑戦は、より小さな文脈でのエンジニアリングの実践におけるロジックの獲得と、それによって可能な知の形式や流通方法を模索するところにあります。その小さな文脈でのエンジニアリングの実践を捉えるために、本章事例の前半で触れたような独自のプロトタイピングの解釈を、オトングラスのバージョン1、3、5を具体事例にして試みました。

またここでは知の記述の仕方として、一人称の物語、というより文学に近い方法を採用しました。

『Prototyping with OTON GLASS』は、物語を読むことと実装を通じて、オトングラスと筆者の生を追体験してもらい、プロトタイピングの特定の型を身体的に理解してもらう内容になっています。

ですが、いつか自分が切実な創造力を引き出さざるをえない状況になったときに、自分なりの方法でそれに向き合い、自らの生を他者と共有するために、「民話と実装」というこのフォーマットを使ってほしいという狙いがありました。

それによって、たとえば従来の知の形式や、技術の新規性や革新性を追い求める開発ではこぼれ落ちてしまう、私的で詩的なエンジニアリングの実践をすくい上げ、それを譲ることができる選択肢として提示できないだろうかと考えました。

誤解が生じないようにあえてつけ加えると、従来の論文や、革新性を追求する開発を批判しているわけではありません。

イデオロギーで記述できる知の形式が少なすぎると感じていて、その選択肢を増やす必要があると考えているのです。それによって、もっと身近な、自分だけに起きている状況、当事者性のあるものに対してエンジニアリングを実践してみる、そのハー

郵 便 は が き

料金受取人払郵便

小石川局承認

1116

差出有効期間
2024年9月9日
まで

112-8731

東京都文京区音羽二丁目
十二番二十一号

講談社

第一事業局企画部
ノンフィクション
編集チーム

行

★この本についてお気づきの点、ご感想などをお教え下さい。
(このハガキに記述していただく内容には、住所、氏名、年齢などの個人情報が含まれています。個人情報保護の観点から、ハガキは通常当出版部内のみで読ませていただきますが、この本の著者に回送することを許諾される場合は下記「許諾する」の欄を丸で囲んで下さい。

このハガキを著者に回送することを　許諾する　・　許諾しない)

愛読者カード

今後の出版企画の参考にいたしたく存じます。ご記入のうえご投函ください（2024年9月9日までは切手不要です）。

お買い上げいただいた書籍の題名

a　ご住所　〒□□□-□□□□

b　お名前《ふりがな》

c　年齢（　　　）歳

d　性別　1 男性 2 女性

e　ご職業（複数可）　1 学生　2 教職員　3 公務員　4 会社員(事務系)　5 会社員(技術系)　6 エンジニア　7 会社役員　8 団体職員　9 団体役員　10 会社オーナー　11 研究職　12 フリーランス　13 サービス業　14 商工業　15 自営業　16 農林漁業　17 主婦　18 家事手伝い　19 ボランティア　20 無職　21 その他（　　　　　）

f　いつもご覧になるテレビ番組、ウェブサイト、ＳＮＳをお教えください。いくつでも。

g　最近おもしろかった本の書名をお教えください。いくつでも。

ドルを下げることができるのではないかと考えています。

そういった地道な実践を増やすこと、その生が乗った知が流通すること、またそれによって実践者同士が小さな文脈の重なり合いの中で出会い、協働すること、その小さな生態系が、小さいまま存在できるようにすることが、結果的に情報技術による格差の問題、人間の存在の偏《かたよ》りによって発生する生きづらさ、これは大きく福祉の問題といっていいかもしれませんが、その問題への地道でしかし確実なアプローチになるのではないかと考えています。

そしてそれはクロス・ダイバーシティが目指す世界観にも共通するものではないかと思います。

今後は、前述したような視覚障害者やエンジニアと協働して、彼らの生の技法と似た身体像の人々に伝えていく活動を通じて本プロジェクトに共感する視覚障害者やエンジニアの友だちを増やしていく。そして、またその共同体の中の視覚障害者やエンジニアと協働して発明を実践し、またそこで生まれた知を流通させていく。知の流通系や経済などの循環系を設計し、それを回していくことで当事者兼つくり手による小さな生態系を社会彫刻していきたいと考えています。

第3章　OTON GLASSからファブビオトープへ

＊1　FabBiotopeを紹介する映像やテキストが現在ウェブ上で公開されています。書籍はオンラインショップ等で購入できます。
https://note.com/keisukeshimakage/n/ncbf6ee016a58
https://keisukeshimakage.stores.jp/items/60d0178884ec6e486ac2f20d

＊2　Jun Kato, Keisuke Shimakage. Rethinking programming “environment”: technical and social environment design toward convivial computing. In: Conference Companion Proceedings of the 4th International Conference on the Art, Science, and Engineering of Programming. 2020. pp.95-103

＊3　「“現実”の自給自足展」のアーカイブがウェブ上で公開されています。
https://note.com/keisukeshimakage/n/n2f530abdd046

第4章

当事者の視点によるxDiversityの未来

設楽明寿
筑波大学大学院図書館情報メディア研究科博士後期課程

xDiversityへの参画

「私はこの社会を生きて良いだろうか」――そんなことを頭の隅で考えながら過ごしていました。

私は、〝計算機科学による「聴・視・触覚のParadigm Shiftによる、Adjustable-Universal Design」を基盤とする多様性を受容する社会実装を可能とする世界観〟を当事者の視点で実現すべく、ヒューマンコンピュータインタラクションとアクセシビリティ分野にて、ろう・難聴者を対象とした研究に取り組んでいます。

まずは私自身について簡単に触れておこうと思います。私は耳が聞こえないろう者として生まれました。筑波技術大学にて情報科学について学びながら、2017年の第23回夏季デフリンピック競技大会（トルコ・サムスンで開催）の陸上競技男子4×100mリレー日本代表メンバー（第3走者）を務め、金メダルを獲得した経験もあります。

その後、縁があった本多達也さんから落合陽一さんを紹介していただき、その場で博士課程の学生として落合さんの研究室へ進むことが決まりました。

そしてその瞬間、クロス・ダイバーシティに参画することになったのです。

当初は私がそこまで重要な役割を果たすとは思ってもいなかったし、落合さんが唱える「デジタルネイチャー（計算機自然）」とアクセシビリティとの相性は悪いと思い込んでいました。「デジタルネイチャー」が聴者の視点にて設計されたとしたら、そこから抜け落ちた、障害者の視点はどうなるのか懸念していました。

しかし、いまなら断言できます。「デジタルネイチャー」は障害者が陰陽師と同様な立ち位置へ自ら昇華することが可能です。その第一歩がまさしく「クロス・ダイバーシティ」だったことはいうまでもありません。

医学モデル、社会モデル、文化言語モデル

私はろう者として生まれました。兄も耳が聞こえない難聴者であったことから、両親も様子が似ていると感じ、病院に連れていってろう者であることが判明しました。

以後聴覚障害者向けの機関等で補聴器の装用、口話や発音訓練などを積み重ねてき

ました。人工内耳装用に関する環境整備が始まったこともあり、小学校に入学した後に人工内耳の埋め込み手術を受けています。つまり、私の頭に計算機が入っている形でそれらと共存していくことになったのです。

そこから筑波技術大学に入学するまでは、「自分の障害を自分で克服していくべき」という医学モデルの考え方が支配的だったと思います。

大学入学後に日本手話やろう文化、全日本ろう学生懇談会、アメリカ短期留学でのロチェスター工科大学等と、何かに飢えたかのように話を聞いたり情報を集めたりとひたすらインプットしてきました。

やがて、医学モデルから社会モデル、文化言語モデルにと変容しながら、自分のなかでそれぞれのモデルが未だ混ざった状態で残っているように感じます。その一方で、筑波技術大学の卒業研究に本格的に取り掛かってから、はっきりと違和感を覚えたのが、なぜわざわざ「福祉」「支援」等の言葉を強調して使うのかという部分でした。同時に、「耳が聞こえないから、〇〇〇〇しないといけないね」や「耳が聞こえないのに、〇〇〇〇ができるのすごいね」などと一方的に決めつけられることにも違和感を覚えるようになりました。

ろう者によるろう文化のコミュニティではある程度自立や他者との共存ができているのにもかかわらず、そのように言及する理由がさっぱり分からなかったからです。また、テクノロジーを取り入れていくことをなぜわざわざ「福祉」「支援」等の言葉で言及しないといけないのか、ただ、ろう文化のコミュニティとマジョリティとがつながり、共存していくだけなのにとも感じていました。

同時に、「デジタルネイチャー」などテクノロジーとの共存によって社会が作られていくにつれ、健常者の視点が主となり、障害者の視点が抜け漏れていくことで、一方的に健常者が無意識のうちに障害者の社会モデルや文化言語モデルを押圧してしまうことにも危惧を抱いていました。その結果、多様性を受容しづらい社会を招いてしまうのではないか。なぜそう思ってしまったのかをまずろう・難聴者の定義からお話しする必要があると思います。

アメリカやヨーロッパではろう・難聴者はある程度明確に定義されています。“deaf”と“Hearing Impaired”といった医学モデルや社会モデルとして、また、ろう文化や手話に囲まれて育った「文化言語モデル」としての“Deaf”などです。

一方で日本では、聴覚障害者、ろう者、難聴者というふうに使い分けられているにもかかわらず、欧米のようにアイデンティティを自覚する機会が少ないためかそこまで明確に定義できていません。医学モデルや社会モデル、文化言語モデルの定義に当てはまるのか判断しにくく、当事者がアイデンティティを確立しづらいという状況があります。

私は、この点が実はかなり大きなポイントではないかと個人的に感じており、研究のテーマとしている〝計算機科学による「聴・視・触覚のParadigm Shiftによる、Adjustable-Universal Design」を基盤とする多様性を受容する社会実装を可能とする世界観〟にもつながっています。

以下、具体的な研究内容や開発したデバイスを紹介していきます。

ハプトスターター（HaptStarter）

ろう・難聴者が健常者と平等にスタート合図を明確に感知できるという公平性をもたらすために開発された、触覚刺激を活用するスタート合図通知インターフェースです。従来の陸上競技短距離走ではピストル音によってスタート合図を通知する形とな

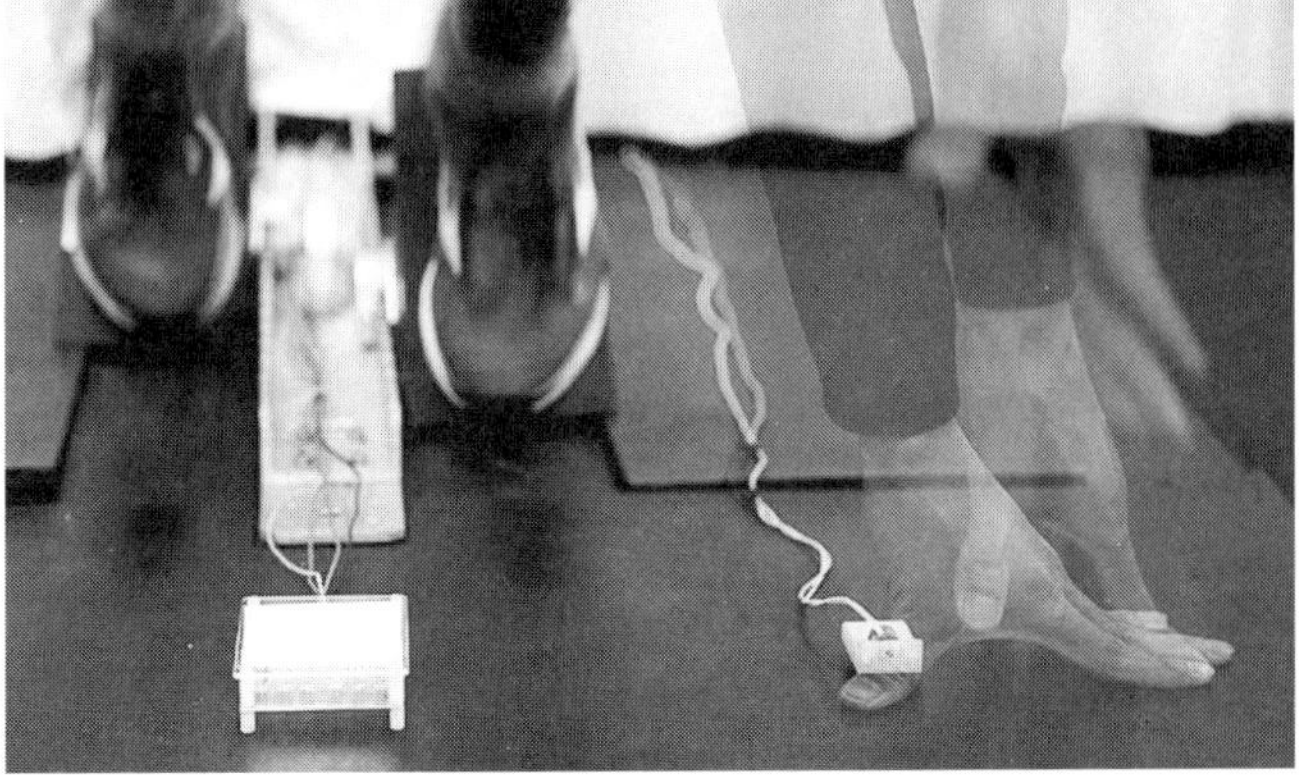

ハプトスターター

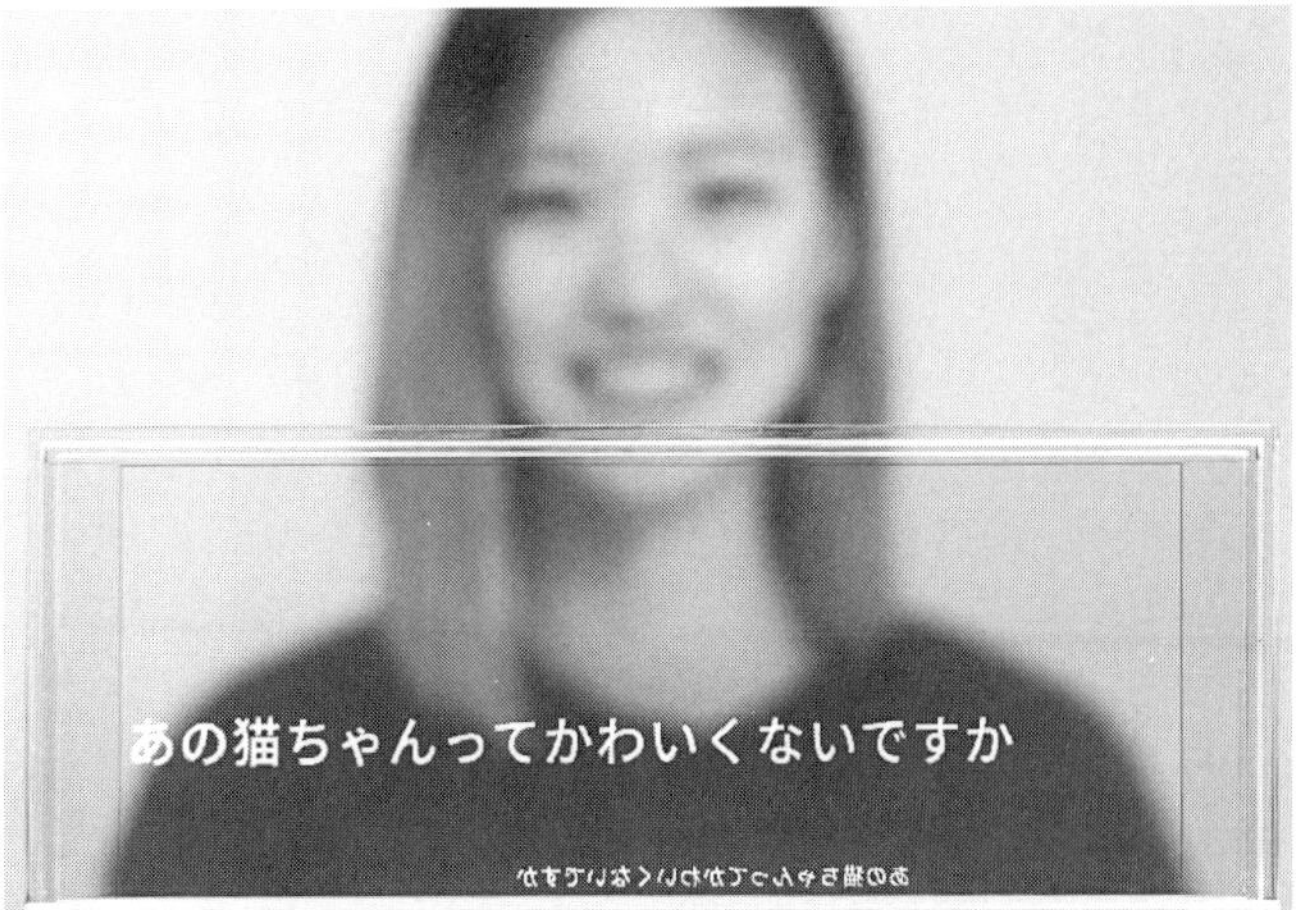

シースルーキャプションズ

っていますが、ろう・難聴者の場合はピストル音を感知できない場合があるため、ピストル音と同期して光を発生するLED型視覚刺激で代替されることが多いのです。ただし、一般には視覚刺激は聴覚刺激よりも反応時間が遅いため、レースタイムの面ではどうしても不利になります。そこで、触覚刺激は視覚刺激よりも反応時間が早く、聴覚刺激と同等と報告があることから、触覚刺激を活用することでレースタイムの面での不利を解消しようとしています。それだけではなく、この試みをろう・難聴者のみに限らず、幅広く展開していくことで、障害に関係なく平等にレースを展開することが可能となります。

これには、従来の「音情報からの脱構築」による、触覚刺激提示によるスタート合図の「再標準化」を新たな公平性として示す意図もあります。この活動が評価され、2020年に第4回茨城テックプラングランプリの企業賞を受賞しました。

シースルーキャプションズ(See-Through Captions)

ろう・難聴者とより豊かなコミュニケーションを行うために開発された、透明ディスプレイ上にリアルタイムに字幕を表示するシステムです。

透明ディスプレイを活用することで、字幕とディスプレイ越しの景色の両方を見ることができるため、ろう・難聴者は相手の表情や仕草を見ながら聴者と会話することが可能になっています。また、本システムは日本科学未来館におけるガイドツアーに試験的に導入されるなど、実証実験を実施してきました。

多くの参加者から「いままで得られなかった音声情報にアクセスできるようになった」と肯定的な意見をもらっており、ろう・難聴者に対する新たな情報提示の手法としてさらなる発展が期待されています。また、多数のメディア露出、複数の自治体への導入決定等、好評をいただいています。

「See-Through Captions」はJames Dyson Award 2021日本国内最優秀賞や2021年度グッドデザイン賞などを受賞しました。

エアトーク・スターター（Air Talk-Starter）

話しかけられても気づかないことでコミュニケーションの機会を逃しやすいという

課題を解決するために、ろう・難聴者の頭部に空気渦輪《うずわ》を当ててその方向を提示し、コミュニケーションを図る機会を得やすくするのを目的としています。

空気渦輪を生成する空気砲システムが「離れている相手に触覚提示を可能とする」「人工的に生成された振動ではなく自然な触覚提示である」という二つの特徴を持ち合わせていることから、スマートフォンやスマートウォッチなどの振動に強制的に気を取られてしまう、身体に接触しないといけないなどの違和感を解消することが可能となっています。現在はろう・難聴者を対象とした基礎実験による検証を進めています。

スマートフォン・ドラム（Smartphone Drum）

楽器のように演奏することができるスマホアプリが一般化し、普及していますが、ろう・難聴者は音の情報を得づらいため、それらのアプリを楽しむのが難しいのが現実です。一方で実物の楽器は音だけでなく、身体に伝わる振動や演奏動作からも音楽を体感でき、ろう・難聴者も楽しみやすいということがあります。そこで、「振動が

エアトーク・スターター

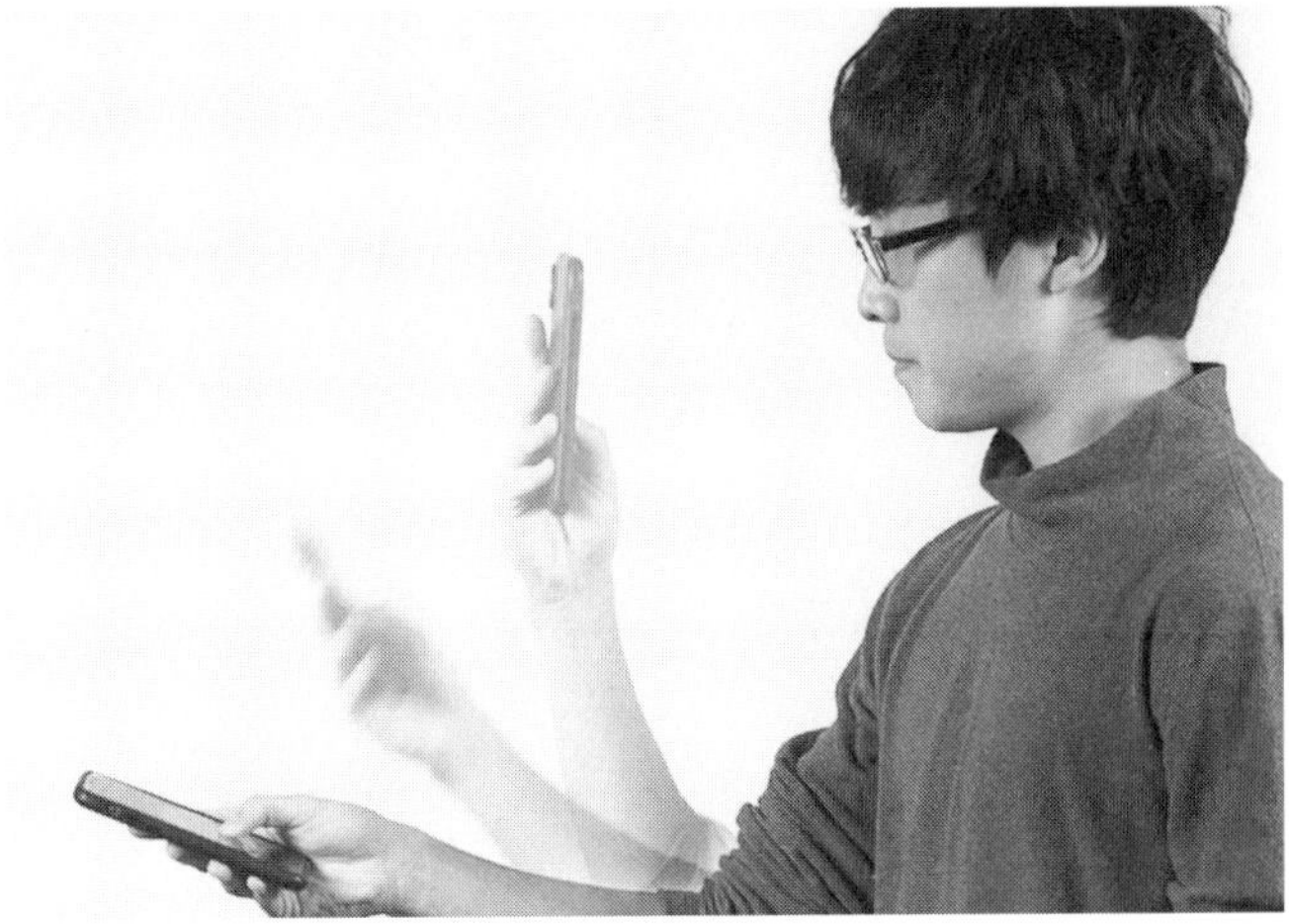

スマートフォン・ドラム

感じられる」「体全体で演奏する」という実物の楽器の特徴を取り入れたアプリ「スマートフォン・ドラム」を開発し、予備的研究を行いました。

このアプリは、スマートフォンをドラムスティックに見立て、空中でドラムを叩く動作をすると、まるで実際にドラムを叩いたかのような振動が返ってきます。

マイノリティを起点とするアプローチ

以上のようにこれまで関わってきた複数の研究プロジェクトを振り返ってみると、技術の標準を定めていくことによってむしろ格差を拡張してしまうことがありうるばかりでなく、さらにそれが「差別」につながってしまう事態を強く懸念しています。最近実際にあった事例を挙げると、AIの顔認識に白人だけのデータセットを用いたということがありました。その結果、AIがほかの人種を認識できなくなってしまうかもしれません。AIのデータセットに基づくこうしたバイアス問題は、近年の研究でも話題になっています。

ろう・難聴者に関することで言えば、近年、人工内耳装用に関する年齢制限が「1

歳以上」に引き下げられています。幼少期から人工内耳を装用することで聞き取りや発音を健常者に近づけることができ、生活環境を改善できると期待されています。

しかし、そこには懸念すべき課題もあります。

未成年が人工内耳のインプラントを埋め込む手術を受ける際は、保護者の同意が必要になります。つまり健常者に近づくという選択肢を、1歳の時点で保護者の判断に委ねてしまうことになります。人工内耳を装用しても必ずしも確実に聞こえるようになる保証はなく、場合によってはかなりリハビリを要することもありますし、リハビリを経ても期待された効果を得られない可能性もあります。

マジョリティに合わせる選択を強い、その結果、健常者を中心とする社会構成となって、マジョリティでない人が生きづらくなる。そうした多様性に欠けた社会を導いてしまうかもしれないのです。

では、オンテナを活用する本多達也さんのアプローチはどうでしょうか。このアプローチは音を主軸にしていることから、やはりマジョリティに合わせることになる懸念を私は抱いています。

それではマイノリティを起点とするアプローチとはどんなものなのでしょう。

障害者を取り巻くテクノロジーやアプローチを幅広く知っているわけではないですが、遠藤謙さんが取り組んできたOTOTAKE義足プロジェクトの例が分かりやすいでしょうか。四肢欠損障害に関しては、電動車椅子などマイノリティに合わせた選択肢がほとんどで、スロープやエレベーターなどの環境整備を進めるだけになっていると思います。

ですから、「健常者のように歩きたい」というような、マジョリティに合わせた選択肢をとりたいと思っても、それ自体がない場合もあります。その場合は、そう、創るしかないのです。遠藤さんの挑戦はまさにそれだったと言えます。

特定の障害を取り巻くテクノロジーやアプローチ全般について、マジョリティに合わせた選択肢とマイノリティに合わせた選択肢のそれぞれがバランス良く提供されているのかを常に考えています。

私が当初「デジタルネイチャー（計算機自然）」とアクセシビリティとの相性が悪いと思い込んでいたのも、そこに懸念があったことが大きいです。

これまでの活動を踏まえて考えたとき、技術の道標を人間がどう定めるかによって、格差を拡張したり差別につながる恐れがあると思うようになったことは前述しました。そこから、どうすればできる限り格差を抑えながら多様性を増していくことができるか考えるようになりました。

ユニバーサルデザインをカスタマイズする

現在、私は、ユニバーサルデザインとダイバーシティという一見矛盾するように見える二つの要素を組み合わせたやり方を模索しています。

そもそもユニバーサルデザイン（Universal Design）とは誰もが使えるような製品や環境を設計していく考えで、ダイバーシティ＝多様性という概念とは矛と盾の関係にあるように見えます。

しかし、私にはそうは思えないのです。この地球環境において様々な生物が共存しているのはなぜかという問いに代表されるように、一見当たり前でも当たり前でないことをどう捉えるべきか考えつづけています。そうした中から、ユニバーサルデザインはひとつの主軸をつくり、その主軸からどのように普遍化を広げていくかという枠組みなのだと考えるようになりました。

突如、その着目点を逆手にとって、ユニバーサルデザインの主軸をダイバーシティに合わせて変化させてしまえば良いのではと思いついたのです。この発想に至ったのはつい最近のことです。

現在は、ユニバーサルデザインの主軸はマジョリティによって決められてしまいがちですが、それを計算機に委ねれば、マジョリティ・マイノリティを問わず各自のコミュニティなどにあわせてカスタマイズすることも可能なのではないかと妄想しています。そんな考えを「Adjustable-Universal Design（アジャスタブルユニバーサルデザイン）」と命名しています。

つまり、「デジタルネイチャー」によって"Adjustable-Universal Design"を実現することが可能ではないかという気づきと言えるかもしれません。

デジタルネイチャーによる普遍化と調整・順応化によって多様性を獲得し、情報到達を効率化する——私が目指すのは、そのような世界観です。それはクロス・ダイバーシティの未来にも重なっているように思えるのです。

当事者を見守る道祖神に

本章を執筆することになったとき、いつの間にか私自身がクロス・ダイバーシティの重要なキーを握っていることに気づかされました。いや、最初から薄々気づいていて、あらためて実感したということだったかもしれません。

“Adjustable-Universal Design”を目に見える形で実現していくためには、新たに当事者の仲間を増やしていかねばと感じるようになってきました。なぜなら、私がろう・難聴者の代表というわけではないですし、ろう・難聴者にもまた多様性があり、私一人で決められることではないからです。様々な当事者の仲間が現れてほしいと祈っています。

今後の身の振り方はまだ決まっていないのですが、大学の教員として、当事者の仲間の人材育成に力を尽くせるようになっていけたらと思っています。様々な選択肢を示せることを知ってもらい、未来を走る当事者の皆さんを見守る道祖神でありたいのです。

ここまで、私というフィルタを通してろう・難聴者コミュニティなどとの対話を続けようとしている鈴木一平さん、私の中にあるものを引き出し、言語化を進めていただいた山本健太さん、そのほか様々なサポートをしてくださった研究室 Digital Nature Groupの皆さんにお礼を申し上げたいと思います。

私がここまでやってこられたのも、いまなお温かく励まし、助言していただいている筑波技術大学の白石優旗准教授のおかげです。

第5章

Maker movement の期待と失敗

落合陽一
筑波大学図書館情報メディア系准教授

民藝からデジタルエコシステムへ

デジタルエコシステムが揺籃する限界費用の低下した生態系のうえで様々なデジタルトランスフォーメーションに根ざした事例や手法論が生まれています。デジタルの複数の類型を考えてみたいと思います。

政策と結びつき生産工場近隣からなる多産多死のイノベーションに基づいた中華的デジタル、プラットフォーマーと資本循環を肝にしたカリフォルニアンデジタル、理念や制度とサステーナブルを元にしたヨーロピアンデジタルなど、座標軸を設定することが困難なグローバルのデジタルエコシステムに対して、このようなテクノ地政学的分析が必要でしょう。

本書でテーマとしているJST CRESTのクロス・ダイバーシティの理論的探究と実践を通じて、世界的に揺籃されつつあるそれらのデジタルエコシステムをテクノ地政学的に中間地点に位置する日本から俯《ふ》瞰《かん》することで本章では新しい視座を提供し、さらにMakerムーブメントを含むこの15年の一連の「コンピュータでものを作る」実践との関係性を俯瞰してみたいと思います。

かつて20世紀初頭の日本には民藝運動が存在しました。ヨーロッパのアーツアンドクラフツ運動に近い運動であり、「渡りと景」という考え方に根付く「用の美」の世界観への回帰運動です。我々の生活に根ざしたデジタルエコシステムは「用の美」を持つのではないかという仮説を立てました。

一連の俯瞰的視点をもとに、日本と諸外国の例を比較しながら、少子高齢化とデジタル、ベンチャーエコシステム、限界集落、民藝との接続、ハードウェアからの転換、伝統文化とデジタルなどの観点を包摂しながら、民藝的展開からいままでと異なる民藝的でテクノ地政学的なデジタルエコシステムの座標軸設定と俯瞰視点の獲得を目指しています。

いのちのデザインと自然化するテクノロジー

下記の文章は私がテーマ事業プロデューサーを努めることが決まった大阪・関西万

博の記者会見での私のステートメントです。

道具の目につく仕組みが徐々に消滅し、最終的には波に磨かれた小石のように、自然な形状を持つ何かが僕らの手に委ねられる。

これは素晴らしいことだ。

だが、それと同じように素晴らしいのは、実際に機械を使用する人間の意識からも、機械が少しずつ姿を消していくことだ。

サン＝テグジュペリの『人間の土地』に出てくる一節です。

自分が万博で担当するのは自然とデジタルの融和により、そこで磨かれる命、芸術が見出される瞬間を見出し、未来のビジョンを考えることです。

自分はこれまで、波に磨かれた小石を拾い集めるように、人工物と自然物が融和し、質量ある実体と、質量のない計算機の中の世界の間を反復し、メディア芸術と計算機研究と表現活動を通じて、デジタルネイチャーともいえる、技術生態系とともにある、名前のまだない新しい自然を探してきました。

新しい自然は多様な技術環境の上で、人の身体的・認知的な多様性と親和し、あらゆる現象を音楽のように共感覚化していくと信じています。

いまある分断を乗り越え、境界のない、アニミスティックで、山紫水明な風景をもとに指針や展望を作るために尽力していきたいと思います。

日本の、大阪の、万博の、2025年という時代性でしか結節し得ないような、磨き・輝く命なるものを物理的な空間やバーチャル空間という線引きに囚われず見出すことで、世界に発信し、調和を形作る一助になりたいと思います。

そういったビジョンをここ日本から発信していきたい。皆様のお力添えをどうかよろしくお願いいたします。

柳宗悦《やなぎむねよし》が「民藝に風土性が備わる」と述べたように、個々の自然化するテクノロジーは地産地消性を生み出します。2020年代に必要なテクノロジーの様態はそれぞれの地域によって大きく異なりますし、日本には日本の形がありクロス・ダイバーシティにはクロス・ダイバーシティの形があるということなのです。

中世のシルクロードのように、現代のスマートフォンやコンピュータに表象される「シリコンの道」は受動部品を日本で作り、韓国、台湾によって作られた半導体が中国でアセンブリされて世界をめぐり、故障したスマートフォンは深圳《しんせん》に還って分解されています。その工程のなかで深圳では様々なＩｏＴガジェットのカンブリア爆発が起き、この一連の循環はデジタルの地平に起きつつある輪廻転生と呼ぶことができるかもしれません。そのハードウェア考察とデジタルに対する倫理観の喚起は米中デジタル対立以後の世界で重要な価値を持つことになるでしょう。

ここ5年のスマートフォンの年間出荷台数は10億台を超え、一台３００グラムだとすると、毎年生まれる新生児の総重量をすでに超えています。スマートフォンはカメラを標準で2から4個備えていますから、我々にとって人よりもスマートフォンのほうがアクセスしやすい知的資源に近づいているのです。これは非常に示唆深いことで、あたかも自然のようにソフトウェア・ハードウェア資源へのアクセスは日進月歩で改善しています。

たとえば「ＬＩＶＥ ＪＡＣＫＥＴ」はもともと、ロックバンド「ＯＮＥ ＯＫ ＲＯＣＫ」とのコラボレーションで２０１7年に作ったもので、いわゆる〝ウエアラブルなサウンドジャケット〟です。ジャケットに低音・高音、また振動を発生するスピーカーを配置し、全身で音を体験しようというものです。

ドラムやギターなどそれぞれの音や振動が、ジャケットのパーツからバラバラに出力され、これまでにない音楽体験が得られます。実は、これを披露した展覧会に、聴覚障害のあるデフサッカーの選手、仲井健人《なかいけんと》さんがたまたま来てくれたことがありました。そのときに仲井さんが、

「『LIVE JACKET』は、聴覚障害の人も楽しめますね」

と。それをきっかけに始まった〝ダイバーシティ×音楽〟のプロジェクトもいくつかあります。

落合陽一サマースクール

テクノ民藝ってどんな形をしているんだろうか、という問いを考えています。

テクノ民藝の更新速度のことを考えると、その地政学的距離圏ってインターネットの提供する地理的に広い場所なのか、趣味嗜好に分かれるコミュニティなのか。

「テクノ民藝の更新速度」は何に依存するんだろうか。地政学的な距離圏のことを考えればいいのだろうか？　デジタル時代に距離が無意味と考えれば、グローバルで国

境のない地理的に広いインターネットコミュニティなのか、もしくはリアルが大切ならば、ローカルでニッチなコミュニティなのか。

ここで、より更新速度を上げていくことを考えたときに出てきたフレーズが以下の部分です。

「理解されるのを待っていたら薄まってしまう、成功するまでやっていたら動けなくなってしまう。誰かに理解されるより先に次の行動に移すこと」

つまり、新しいテクノ地政学的な条件を獲得した我々はそのようなヒットアンドアウェイを可能にするのだろうか、ということです。

2022年4月、山口県山口市で小学生を対象に「Table Unstable ― 落合陽一サマースクール2022（山口編）」を開催しました。山口県内外から小学2〜6年生の約50人が集まり、3日間にわたってソニー・インタラクティブエンタテインメントが販売する手のひらサイズのロボットトイ「toio（トイオ）」のデモンストレーションやプログラミング体験など、自発性・問題解決力を育むカリキュラムを提供しました。

カリキュラムをロボット工作としたのは、タンジブル（触れる）なものが良いと思

「落合陽一サマースクール」で登壇

小学校２年生から６年生の約50人が参加した

ったからです。タンジブルコンピューティングは予想どおりに動かないし、「エンジニアリングとは何か」を考えるきっかけになります。優れたエンジニアは自分が想像できなかった結果を生み出し、優れたアーティストも同様です。自分の想像力を超えることが必要になります。

この章の最後に、2019年のSXSW（テクノロジー、音楽、映画の3ジャンルを横断する世界最大規模のカンファレンス＝サウスバイサウスウェスト）のデジタル発酵のステートメントを振り返ってみたいと思います。

いま、私たちを取り巻く社会は刻々と変化を遂げている。
非中央集権的なエコシステムの理想郷だったインターネットは、フィルターバブルやデータビジネスの利権集中など、新たな社会課題を引き起こしてもいる。
その一方で、テクノロジーインフラが根付いた土壌にこそ、新たに育まれるエコシステムもある。食やデジタル文化、サブカルチャーなど、日本で生まれた文化の種々は、あらゆる事象が複雑に関わり合いながら、新たな種を生み出し、人の身体性をも拡張して、また共生していく。インターネットに常時接続されたデバイスや人の生み出すミームは、我々の社会で独自進化し、自然とテクノロジーが融合し、工業社会の次の風景を作り出しつつある。

その変容する日本文化の生態系は、目に見えない無数の微生物たちのはたらきによって発酵が進むように、互いの個を主張せず、公／私の境界があいまいなまま〝発酵〟を続ける、包摂的なエコシステムとも言えるだろう。カオティックに発酵していく景色をポジティブに受け止め、ポップカルチャーをも包摂しながらにして、排他的でない未来ビジョンを提示する。

カオティックに進む発酵を把握するのは難しい。発酵も民藝も結果による用の美的な評価基準以外の文脈を理解するのも困難だ。コンテクストは無名の誰かの人生の中に閉じられて、その人の死とともになくなってしまう。

しかし、インターネット以後のアーカイブはどうか。

そういえば夏の音楽祭でサーベイをしているときに、日本フィルハーモニー交響楽団特命担当の山岸淳子さんが（作曲家）小《こ》山《やま》清《きよ》茂《しげ》の元ネタを見つけてきたことがあった。

デジタル以降、インターネット以降、無名のコンテクストはこれから存分に発掘される可能性がある。TwitterやインスタグラムやYouTubeのアーカイブはやがて掘り起こされる。

無名のコンテクストにストーリーをつけるのは後世やフォロワーの仕事だ。読み解くものもコンテクストになりうるし、その成立条件はいままでと異なっているのではないだろうか。

そういった観点では、インターネットのどこかに途中経過を残すことの重要性を感じている。途中経過が残されているのであれば、ヒットアンドアウェイの結論はやがて、インターネットの保存性と時間の隔たりがあったあと、フォロワーが読み解くのだと思う。

第6章

“現実”の自給自足展

島影圭佑
デザインアクティビスト

知の生成と流通の現場としての展覧会

ここでは、私が中心となって企画運営した「“現実”の自給自足展」という展覧会について紹介します。この展覧会は2022年の2月に東京・中目黒にあるN&A Art SITEというギャラリーで開催されました。

展覧会の前身となる活動に関しては第3章で取り上げていますので、背景部分についてはそちらを参照してください。クロス・ダイバーシティのメンバーでは、落合陽一さんと菅野裕介さんに出演者として参加してもらいました。この展覧会について、私が書いたステートメントを引用します。

“現実”の自給自足展
Design Alternative Realities

個別の現実を生起するためのデザイン——。目が見えづらくなっても様々な文援技術を組み合わせたり、他者とのコミュニケーションを粘り強く工夫し続けたりすることで、自らの仕事や生活を構築すること。自らが向き合わざるを得ないことに対してメディアテクノロジーの私的な造形を通じて考えること。カメラやレコーダーを持って散歩をし、新たな都市の見立てを発見し記録すること。また、それを服や空間そして音楽の制作に応用すること。デザインリサーチや社会学の専門化された技法をいち生活者として実践し、複雑な課題に寄り添い続けること。

　本展では、このような実践やそれによって生まれた制作物を扱い、企画運営者である島影自身がその実践

“現実”の自給自足展

者と戯れながらワークショップ、公開インタビュー、上映会などを通じてその知や方法論を社会にひらいていく。それによって私たちの「“現実”の自給率」が上がることを願って。

このステートメントにあるように、私自身が当事者兼つくり手の側面を感じる人や、この展覧会で扱っているテーマや手法について一緒に考えたいと思う人にお声がけしました。

展覧会会場を公開収録スタジオに見立て、会場を訪れた人がそれを目の前で観ることができると同時に、そこで記録されたものが映像、ポッドキャスト、写真、テキストなどの形で即興的に編集され流通するという形式をとりました。

また、10日間の会期中に即興的に編集したものを空間に反映させていき、展覧会の始まりから最後にかけて、空間が変わっていく流動的な展示としました。

完全にできあがった作品をディスプレイして発表するという展覧の仕方ではなく、会場そのものが知が生成される現場であり、その知が編集され、現場に居合わせなかった人も後日アクセスできる知の棚で、そのアーキテクチャ自体も並行して建設され

落合氏をはじめ様々な人たちが催しに参加した

るという形にしました。展覧会の会場自体を徹底的に実践の現場、「カオスが発生する場」として設計しました。

意図したのは、本来、そのつくり手が完全な作品を発表するときには見えなくなっている部分、その手前の彼らの日常的実践部分に焦点を当てる。そしてそこにすでに知が存在しているとしたときに、それに形を与え、共有できるような形式を追求していった結果としてこのようなカオスな展覧会になりました。

たとえば、公開インタビューであれば、普段、私がそのつくり手と打ち合わせしたりお茶したり呑んだりしているときの延長の仕草であり、でもその日常性は日常の中だと、まさに日常なので隠れてしまうわけです。そこで、その日常性をなるべくそのまま他者が触れられるようにする。その背景として展覧会を使ってみる。

具体的に、その背景の要素としては、まず大きく空間があるでしょう。“現実”の自給自足というテーマとともに立ち上がったそれについて考える空間であり、出演者がそこに入ればそれらは舞台美術になる。そして、そこにカメラやレコーダーなどの記録装置があり、それらによって撮られ即興的に編集されたであろう記録が映し出されているモニターがある。また催しの過程で生成されたドローイングや素材がある。

次の要素として、企画のすべてに設定者やホストとして関わる私が、出演者の日常性をできるだけそのまま共有してもらうよう関わる。その空気をつくる。それによって本来他者と共有することが難しい実践の身体知を顕在化させ、触れることができるようにしようと考えたのです。

展覧会を、実践の身体知を扱う特殊なフォーマットとして捉え、それを徹底的に実験していると言っていいかもしれません。

呼吸をするように記録を録る

展覧会の公開インタビューで、落合陽一さんは次のように話していました。

「今日、ボク、この展示観ての一言の感想とすれば、映像というのは随分安いコストでつくれるようになるんですねぇというところかな……やっぱり。ウォーホルでいうキャンベルスープみたいな映像があっていい感じでしたね。呼吸するように無駄に映像が撮れないと、それをやらないだろうな、みたいな人類って感じ。そこがけっこう個人的には面白かったですね」

この展覧会では、私が会場で出演者と催しを立ち上げるとともに、映像作家の岩永賢治がそれを記録するという体制をとりました。私と岩永の協働には一定の歴史があり、今までも様々な実験をくりかえしていて、本展の試みもその実験のひとつとして捉えられるでしょう。

実際の商業映画などの制作経験があるわけではないので、このメタファが正しいか怪しいのですが、私にとって、知の生成とそれを置く棚のアーキテクチャの構築が平行して行われる展覧会の現場は、映画の撮影現場に入っているような感覚なのです。そして一定期間、そのカオスの中に身を投じる。企画の主旨、集まる人、集まる場所や時間は決まっているわけですが、はじまったらあとは即興でなにがどう展開するか分からない。その即興で立ち上がった時空間を記録する。

私と岩永は現場で、記録をどう空間に反映させるか、どうアーカイブサイトに反映させるかを話し合い、それをその場で実行していきました。つまり並行して編集の方針が検討されるのです。

映画の撮影期間としての会期が終わると、怒濤《どとう》の日々がいったん落ち着きます。そしてその後、落合さんの言葉を借りるなら「呼吸するように撮られた」映像、音声、写真の記録に構造を与えながらサーバーにアップロードし、本展の企画運営者、出演者などに共有します。

つまり会期終了後には、映画のメタファでいう「編集」の時期に入るのです。現段階としては「なるべく編集しない編集」という方針で編集されたものがアーカイブサイトに上げられています。公開インタビューはなるべくカットをせず、音声の聴き取りづらいところを別マイクで録っていたデータで補完するくらいの最低限の後処理をしたものをアップしています。

ライブパフォーマンスなどの会場の空間全体を扱うものや、屋外での実践など、様々な要素が複雑に入り込む催しは個別に編集方針を決め、アップしています。

再び映画のメタファを使うなら、使う素材、使わない素材を取捨選択してシークエンス上に並べる手前の、「素材」に近いものがアップされていると言えるかもしれません。

落合氏の「記録の限界費用がゼロに近付いたときのふるまい」としてこの展覧会を見る視点は、展覧会の様式について考える糸口を与えてくれそうです。

個別の身体が生きている個別の現実、そこに存在する知をどのように発見し、触れられるようにし、他者と共有することができるか。

ちぐはぐな身体を対象にし、またそれを取り囲む社会自体が激しく変わっていく流動的な世界を前提とした、知の生成や流通の「拡張子」を本展では実践的に模索していたのかもしれません。

記録の限界費用がゼロに近付いていく状態というのは、その拡張子の模索において重要な変数になっているでしょう。呼吸するように記録を残すことができる社会技術的環境とそれを扱える身体が前提となることで、個別の身体、それらが集まり、即興的になにかが起こること、その一期一会的な再現不可能な状況を立ち上げることに振り切ることができる。なぜなら、呼吸するように記録ができることで、個別の身体とそこで起きる状況をなるべく複雑なまま、そこに生が残っている状態を目指して記述することに投機することができるからです。

真に実験が可能な特異な空間

そういう意味で、展覧会はオルタナティブな知の生成と流通の形式として、実に可能性のあるものなのではないかと思います。

展覧会の会期中、その空間が、仮設的一時的に真に実験が許される、特異な、しかし日常の延長線上にある踏み入れられる現実としての時空間になる。展覧会を企画運営するということは、まさにそのひとつひとつの現実の設定を、その特異な時空間を立ち上げるという目的に沿って、行っていくことにほかなりません。

それは、ある種、現代美術を筆頭にアーティストがある世界観をそこで構築するために、キャンバスや器としてのホワイトキューブをつくること。またそこに至るまでの導線、日常とは違う世界観に入っていくための儀式としての美術館などの建築をしつらえるということ。それらを違う目的で、オルタナティブな方法で使ってみてしまうということかもしれません。

生の技法としての知が、それが知として扱われ、生成され流通させることを当たり前であるとした原点、そこから引かれる基準線からなる世界が、我々が生きているこの世界にはほとんど存在しません。だからそれを一時的に仮設的につくる。そのモデリングとレンダリングのときに、もっともプログラマティックなアプリケーションが展覧会の企画運営、ということなのです。

整理すると、この実践というのは、現代美術ではないということになります。現代美術の分野や歴史が守ってきてくれたホワイトキューブという制度や空間を一時的に借してもらっているのです。

研究という観点から見ると、身体を固有の定義から逃避させようとする態度や、再現性のない一回性へ向かっていく姿勢は、科学実証主義的な立場からすれば、知の創出と逆行しています。文化人類学などの社会科学の立場からすれば、記述が薄すぎるということになります。そういう意味で、これまでの「真っ当な」研究の立場からすれば、この実践で定義している知は、知に値しないのかもしれません。

でも、だからこそ取り組む必要性が、意味があるのです。従来の主流の研究から、今回の実践における知が知でないとされているとき、私がこれを知だと言い張る根拠は、そこに紛れもなく確実に、面白さが存在しているからです。

それはやはり日常で実践されているものなので、崇《あが》める対象ではなく、自分なりに真似したり、自己言及したりするときに使う対象であると。それはまぎれもなく知で、そういった生の伴った知は、表現に近づきます。しかし大きな文脈における表現ではなく、あくまで等身大の表現であると。

学問というのが、そもそも共同体で実践されるもので、歴史と未来という長い時間軸を持った活動であるとしたときに、本展において端的に知と言っている、その共同体がまだ少ないこと、それ自体が生まれたり存続したりすることが難しい様々な理由があるとも言えそうです。

やるべきことは、そこに知があると、その感覚がある人たちで実践していくということだと私は考えています。それを通じて共同体をつくっていく。その手段として展覧会を使う。

この問題意識はクロス・ダイバーシティとも共鳴するはずです。

クロス・ダイバーシティというプロジェクト自体が、人間の身体の多様性と情報工学という学問自体の多様性、そのかけあわせについて考えてきたからです。その実践においては、従来の障害福祉や情報工学研究とは異なる、新たなロジックを考え出さなければいけません。

そもそも人間とはちぐはぐな存在であるとし、それを前提としたときに、情報工学には別の評価軸が必要で、社会がものすごい速度で変化し流動化しているという状況の中で、知の在りようをどのように設定し活動していくのか、今後も考えていく必要があるでしょう。

展覧会による実践とその可能性を探求しながら、クロス・ダイバーシティのメンバーとその経験を共有し、知の在りようというやや大きなテーマについて引き続きともに考えていきたいと思っています。

「ケアのロジック」

ここからは、展覧会の個別の催しを紹介していきたいと思います。

それに先立って、一冊の書籍を紹介します。

人類学者で哲学者であるアネマリー・モルの『ケアのロジック——選択は患者のためになるか』＊1という本で、「“現実”の自給自足展」の「多元的なデザイン」という公開インタビューに出演していただいた作業療法士の林園子さんに教えていただいたものです。

怒濤の会期が終わって編集期に入り、ウェブ上のアーカイブサイトにアップする編集物がある程度できあがったタイミングで、あらためて本書を手に取りました。

林さんは公開インタビューのしめくくりに次のように話しています。

「最後にお話しすることというと、そうですね、なんかまとめの言葉……。〝現実〟を自給自足するという営み自体が、ケアになるんじゃないかなと思います。障害のあるなしにかかわらず、元気な人も、身近なものを手直ししつづけていくこと、最後はみんな死んでしまうかもしれないし、ネガティブなことなのかもしれないけど、よりよい作業に向かって手直ししていくこと、それをやりつづけることが、ケアにつながるんじゃないかなと思った一日でした。ありがとうございました」

林さんがここでおっしゃったことは、まさに私が展覧会を通して伝えたかったこと、問いとして提示したかったことを林さんの文脈、ケアの文脈で言葉にしてくれたものでした。

展覧会で起きたことを振り返るとき、モルの『ケアのロジック』は、そのための新たな視点を与えてくれました。

ここまで、私なりの言葉や具体的な事例で実践のコンセプトを伝えようと試みてきましたが、そこに『ケアのロジック』の視点を加えることで、催しの内容がまた違った角度から理解できるのではないかと考えています。

モルは「選択のロジック」と、「ケアのロジック」を対比させ、リベラルな社会において理想とされてきた自立した個人が自らの責任で自由に選択することができるということの限界、つまりそれが「善き生」のためのケアとときに衝突することを指摘します。そのうえで、別の方法としてケアのロジックを言語化しています。

モルはオランダにある大学病院の糖尿病外来でのフィールドワークの経験を中心に、その言語化を行っています。現在の医療では、糖尿病は完治しない慢性の疾患であり、患者は一定の血糖値を保つために自ら測定器で数値を確認し、インスリンの注射を行ったり、日々食事や運動を調整したりと、日々手直しを行い、病気と共にいる現実を生きています。

そうした日々の手直しは医師や看護師、家族や友人、職場の人など患者の周辺にいる人たちをチームと見なし実行されることになります。

日々の手直しの中には、選択する瞬間のような切り離された領域は存在しません。その行為が良かったのか悪かったのかは事後的にしか判断できないことであるとして、善悪は含みこまれているものとして実践を促えています。

モル的に言うと「ケアのロジックにおいて道徳的な核となる行為は、価値判断を行うことではなく、実践に従事することである。そこには一つの層しかない」です。できる限りを尽くしてやってみる、結果を確かめる、調整する、また試してみること。それはいまここでこの改善をすることには何を伴うのかを問いつづけることです。

モルの言う「ロジック」は、論理という一般的な意味合いよりも、スタイルや精神性《スピリッツ》に近く、糖尿病ケアの現場をフィールドワークの対象としながら、医療における問題だけに閉じず、現代における自由意志や自己責任までを批判の対象としていま す。

最終章の最後で、モルはこのケアのロジックを様々な分野に「翻訳」するよう読者に求めます。つまり、他の分野や現場でもケアのロジックの実践がありうるということを射程に入れているのです。

他の分野や現場でどうロジックを描き、実践することができるのか、それを模索することと自体がモルのいうところの翻訳に値するのではないでしょうか。

先に引いた林さんの言葉を補助線に、ケアのロジックの翻訳的実践の手始めのようなかたちで、「“現実”の自給自足展」の個々の事例を解説してみたいと思います。

3Dプリンタで自助具をつくる

まず、林さんに出演していただいた公開インタビュー「多元的なデザイン」をご紹介します。

個別の現実を立ち上げる行為、それを支援する環境としてのデジタルファブリケーションの意味を考え、実践している方々と、デザインの観点からその実践を言語化していただけるデザイン研究者の方に集まってもらいました。

ファブラボ品川では、林さんがディレクター、建築家の濱中直樹さんがファウンダーを務め、近代的なデザインを解体・再構築した、作業療法的なデザインの実践が行われています。具体的には、自助具を3Dプリンタでつくり、そのデータをオープンソース化したり、クリエイターと障害当事者がともに自助具をつくるメイカソン（makeとマラソンをかけ合わせた造語）などを実施したりしています。

ここにおけるデザインの前提には人間の身体像自体が多様でちぐはぐであること、またここでいう自助具によって可能になる「作業」が障害当事者当人の健康を生成する行為であることが挙げられるでしょう。

近代デザインが対象にできなかった領域に焦点を当て、ある種の超人間中心主義、身体の多様性やその主観世界を前提とした新たなデザイン実践です。

3Dプリンタによって個別の造形、個別の道具を造ることができることも重要ですが、ファブの思想においては、その個別のものがデジタルデータとして他者に共有され、再現・改造できることがより重要です。大量生産とは別の循環系、別のイデオロギー。この点も、新たなデザイン観によって理解が可能でしょう。この催しに出演したデザイン研究者の上平崇仁《かみひらたかひと》さんの話の中に、縁起物から見て、一般に言われる「デザインによる問題解決」の限界を説く内容がありました。

ある問題点を適切な解決策によって解決するという直線的な図式は幻で、現実には、その解決策によって新たな問題が生まれるなど、より複雑な相関関係があるはずということです。

一方、自らの生活世界を手直しして調整するという作業は実践できそうです。自分というたった一人を対象とした手直しの実践によって生まれた生成物（ファブラボ品川でいえば3Dプリンタでつくった自助具など）は、近代的なデザインとは異なるロジックで生まれたものであり、本来存在しえなかった人工物です。

そういった従来の意図とは異なる形で生まれたそれが、インターネットを通じて、他者が3Dプリントしたり、改変したりすることができる。そういった限界費用が低いことによって可能な多産によって「もしかしたら自分のためや身近なたった一人のためにつくったなにかが、似た身体性や課題感を持った誰かのものになるかもしれない」という、偶然性に身を任せるような投機的な行為が可能になる。そこにはいままでの直線的な解決の思考では対象化できなかった範囲でのクリエイションを成り立たせる可能性があるでしょう。

閉じた個別の現実を立ち上げるという行為が、他者と重なり合うような状態を生み出すのです。ただそれにはやはりいままでとは異なる想像力を持った人を増やす必要があるでしょう。

そう考えると、ファブラボ品川の活動はそういった新たな想像力を持つ人を増やす運動に思えます。いままでとは異なる循環系を前提とした活動であることによって、新たな価値の循環やビジネスモデルの実験場にも見えてきます。

問題解決からの撤退

次に映画『Transition』の上映会と公開レクチャーという催しを紹介します。

『Transition』は映像エスノグラファーの大橋香奈さんとデザインリサーチャーであ

る水野大二郎さんによる共同監督作品です。前半は映画の上映を行い、後半はその映画制作のプロセスを対象にして書かれた論文＊2を元にお二人からレクチャーをしていただき、それを踏まえて質疑応答を行いました。

水野さんとそのご家族が経験した急速な人生移行、悲嘆と受容、回復へと向かう過程を水野さん自身が日々スマートフォンのカメラで記録し、日誌を書き、それを元に大橋さんが水野さんに対して毎週インタビューを行うというプロセスを経て映画を制作しています。さらにそのプロセス自体を研究対象に論文を執筆しています。

レクチャー後の質疑応答で、水野さんから、「問題解決からの撤退」という言葉が出ました。

水野さんは長年デザインリサーチャーの仕事に従事し、とりわけ複雑で厄介な問題に対してデザインがどうありうるか様々な角度から考えてこられました。

その水野さんが一生活者、一市民として置かれた状況があまりにも複雑でままならない。その状況自体を研究者の立場から客観的に見て、その複雑な問題自体をなんらかの形で一発で解決するというのは不可能であると。その問題への異なる向き合い方への導入、手がかりとして「問題解決からの撤退」という言葉が生まれたのだと想像しています。

大橋さんと水野さんの本プロジェクトにおける実践は、ビジュアルエスノグラフィーやデザインリサーチという固有の生活世界を記述し表現することに適した研究手法を用いています。そして水野さん自身が自らが置かれている状況を客体化し、その現実を認識し触れられるものにすることで、その現実と共に生きる。問題を解決するのではなく、その問題と寄り添いつづける手法を模索する「問題解決からの撤退」後の実践として見ることができそうです。

また本プロジェクトにおいては、知を共有する場としての上映会によって、映画や研究によって客体化された固有の現実をなるべく複雑なまま他者に共有します。それによって水野さん一人の経験を異なる形で他者が経験し、質は異なるもののその生活世界の疑似経験者を増やす。その複雑な問題を一人で背負いきるのではなく、鑑賞者に「問い」という形で分散し、問題を社会化するのです。

また水野さんはレクチャーの中で、主にサービスデザインなどで扱われるカスタマージャーニーマップ（ユーザーが目的を達成するまでのプロセスを視覚化したもの）の手法を応用し、自らの置かれた複雑な状況をダイアグラムの形で示したものを見せてくれました。これもまたデザインの言語を用いて、個人的で私的な問題を固有の身体から解放し社会化する実践に思えます。

大橋さんと水野さんのプロジェクトから、「問題解決からの撤退」以降における、デザインやデザイナーの姿のオルタナティブが見えてきそうです。デザインリサーチやそれに隣接する社会学の手法を用いて、いままでデザインやデザイナーが対象にできなかった(しようとしてこなかった)あまりにも複雑な問題の客体化を行なう。デザイナー自身がその問題と寄り添う、同時に、表現と研究が交差する独自のメディアとその独自のプロトコルによって、その問題を「問い」として社会化するという振る舞いがありえるのではないか。

難しすぎる問題と対峙し、それに対するどうしようもなさ、ある種の無力感を通過し、その上でなにかできることを模索する。

今回でいえば、産業や学問の中で成熟した方法論や、徹底的に一般化され普及したスマートフォンという道具を、本来の目的とは違う目的で使う。このような二人の振る舞いは、いままでのデザインが取りこぼしてきた問題を対象化する上でひとつの姿勢を教えてくれます。

目の前にあるアクチュアルな課題に対して、身の周りにあるもの、お二人でいえば、それは専門化された知であり、それらを組み合わせてどうにかこうにか試行するということは、それらを生の伴った知として継承し実践して、そこで分かったことを知として流通させているという意味で、真にアカデミックな応答に思えるのです。つまり制度の成熟によっておざなりになってしまった、学問における「生」の所在、それを復権させるひとつの方法としてもお二人の実践を見ることができるのではないかと思います。

複数の現実の融解

次にダンサーでアーティストのAoki・dさん、都市音楽家の田中堅大さんによるライブパフォーマンスと公開インタビュー「University」を紹介します。

この催しでは、まず、それぞれの音楽や身体表現をソロで行い、次にそれを振り返りつつデュオの作戦会議をし、デュオでパフォーマンスに挑みます。

さらにそれを振り返りつつ、最後に会場全体を巻き込んだパフォーマンスの作戦会議を行い、それを決行する、という大きく三部構成の4~5時間にわたる長時間の公開実験的な催しを行いました。

即興的なパフォーマンスの直後に、パフォーマンス中になにを考えていたか即興的に言語化する姿は、いわゆるレクチャーパフォーマンスを超えて、パフォーマンスを通じた真のレクチャー、彼らの身体的な知をひらく場となっていました。

最初のパフォーマンスでは、それぞれの身体表現や音楽による現実の立ち上げ方を、段階的に丁寧に観せてくれました。

共通していたのは、最初はまだ二人のものではなかったその空間が、パフォーマンス後には完全に二人の空間に一変していた点です。

デュオにおいては、お互いがそれぞれの現実の立ち上げ方を知った上で、それをどう組み合わせ二人の新たな現実を立ち上げることができるかを実験するような形となりました。

お二人は過去に数回、セッションを経験されていますが、それぞれの現実を立ち上げるということを前提に、別々の現実を共存させるという試みは、過去のセッションとはまた違った、非常に実験性の高いものになっていたと思います。

個々の現実を組み合わせる、あるいは融解させる試みが、身体による表現と空気の振動としての音や音楽という、よりプリミティブで感覚的な形で行われることで、その難しさや葛藤自体が表出し、共有されていたことが非常に興味深い表現でした。

もちろん、それを表現として成立すること自体は二人の技術の高さによって成り立っているとも考えられるのですが、私を含めた会場にいるほぼ全員が「あの感覚」を共有できていたと思います。それは、身体表現と音楽というプリミティブな表現手段による実験だったからかもしれません。

最後の会場全体を巻き込んだパフォーマンスでは、各自がスマートフォンで、せーので録音を開始し、5分ほど会場近くを歩きまわって自由に行動し、特定の音を追いかけたり、歯笛を吹いたり、店に入ってそこの音を録ったり……また会場に戻って、せーので録音を止め、またせーので各自のスマートフォンを再生して、会場内を歩きまわったり、会場のどこかに置いたりする。

それが導入となって最後のAok.idさんと田中さんのパフォーマンスが始まるのです。全員のスマートフォンから流れる雨音などが一斉に止まり、2階から、舞台となる1階にAok.idさんが降りてくる。その瞬間の高揚感が、まだ身体に残ってい

Aokidさんと田中堅大さんによる「University」

ます。

あの最後のアイデアはAokidさんが提案してくれたもので、どういう感じになるか分からないけど、とにかくやってみよう！　と実行したものでした。Aokidさんがどこまで想定していたのかは分からないのですが、歩いて音を集めてくる時間、その音を会場内に放つ時間、そして二人のライブパフォーマンス、そのすべてがとても完成された時間でした。

Aokidさんと田中さんはもちろん、会場内で鑑賞していた全員の集中力と緊張感によって、あの時空間が立ち上がったのかもしれません。

そう考えると二人のライブパフォーマン

スとトークは、クリエイションによって個別の現実が立ち上がることを前提に、そのばらばらなものがいかに共にいたりいなかったりできるのか、それを二人が軸になりながら会場にいる全員で実験しつづけていた、そういう時空間だったように思うのです。

トークや会場からのコメントや質問からも多くの「メタファ」が出てきたように思います。特に二人はあるイメージを持って取り組んでいたり、即興で言葉をつくるためにやむをえずというものであったかもしれませんが、前述したように身体表現や音楽によってばらばらなものが共にいたりいなかったりする、その感覚を会場にいる全員が共有していたその感覚を拠りどころに、それぞれがしっくりくるメタファで言葉をつくって議論していました。

ばらばらなものが共にいたりいなかったりするということの周辺にある様々な問いが、それぞれの身体の中に発生していたのかもしれません。いわゆる身体表現や音楽の文脈における、その意味というよりも、曖昧すぎて本来容易には共有できないものを感覚として共有し、その感覚を手がかりに議論する。その方法としての身体表現や音楽の可能性について考える契機にもなったように思います。

社会の彫刻

最後に、今後の展望に触れて本章を締めくくりたいと思います。

私たちの活動において重要なのは、いままでのデザインでは射程に入らない複雑な問題を扱っていることを前提に、これを対象化しうるオルタナティブな方法を実践を通じて模索することです。

またそれが持続可能で、積層されていくようなものとして、どのような事業のありかたがあるかということを検証しつづけることです。

オルタナティブであるということは、独自の評価軸を持って実践するということです。ゲームに乗らず、ややハードコアな別のゲームを自作するということ——この問題意識に真に共感する人たちとともに、できることを実践していくほかないのです。

その中で循環系を描き、実際に回していく。書籍、映像、ポッドキャスト、テキストといった形で生の技法としての知を流通させていく。

そこで生まれた接点から、ワークショップなどを通じて、より身体性を伴った形で知を伝える。場合によってはその人たちと一緒にプロジェクトを展開する。

生の伴った知の生成と流通の現場として展覧会を企画する。この複雑すぎる問題に対して思索する必要性があるということに共感する組織や人と協働して展覧会を企画運営する。場合によってはその過程で生成された作品に準ずるものを売買する。生成された知や作品のつくり手と受け手のより適切な関係性から独自のメディアプラットフォームを構築する。

これらの実践により、小さな循環系を回し、社会を彫刻する。

そのような小さな社会の構成員が少数民族的に生きて主流の社会システムに対して問いを放つということです。

このような実践を続けていきたいと考えています。本書を手に取って心動く方がいましたら、ぜひこの社会を彫刻するプロジェクトの一員として、関わっていただけると幸いです。

第6章 “現実”の自給自足展

＊1 『ケアのロジック —— 選択は患者のためになるか』は水声社から翻訳が刊行されています。

＊2 Kana Ohashi, Daijiro Mizuno, ‘Visualising Rapid Life Transitions : Ethnographic Documentary Filmmaking Through Smartphone-Based Collaborative Research’, “Visual Ethnography”, Vol.10, No.2, pp.49-65, 2021.

第7章

インクルーシブワークショップの5年

本多達也
富士通株式会社Ontennaプロジェクトリーダー

自分だけの〇ntennaをつくる

クロス・ダイバーシティプロジェクトでは、「当事者とともに創る」ということをもっとも大切にしてきました。

ここで言う当事者とは、聴覚障害や視覚障害、肢体不自由といった課題に直接関わっている人々のことを指しています。

「障害」というと、何らかの基準でマイナス面があるというイメージを持ちそうですが、我々がこれまで当事者と伴走してきて、そのように感じたことはほとんどありません。むしろ、特別な能力を持ち、新たな感覚や知見を与えてくれる人々という表現のほうが正しいかもしれません。

この章では、聴覚障害者とともに活動してきた筆者が、5年間で行ったワークショップの内容や、それに伴って新しく開発した機能について紹介します。

服のサイズをS・M・Lから選ぶように、マスプロダクツ（量産品）については、ユーザーは自分に一番フィットする製品を選択し、ユーザー側が製品に合わせてきました。自分にピッタリの、自分だけの製品を生み出すには、大量生産システムによる製造方法では限界があります。

オンテナの開発を進める中でも直面した課題がこれです。

オンテナを使ってもらったろう学校の生徒からは「ピンク色に光るオンテナがほしい」「高い音のときに光らせたい」という声が出ました。

デフォルトでは、音の大きさに合わせて青色の光と振動の強さがリアルタイムに変化するという機能になっていましたので、生徒の意見をすべて満たすような製品を作ることは難しいと感じていました。

生徒一人一人が、自分だけのオンテナをカスタマイズすることができるようになれば、抱えている課題や思いを形にできるのではないか、そう考えたのです。

オンテナの色や振動の強さ、動作を変更する機能の開発をスタートしました。

Scratchというツールをご存じでしょうか。

MITメディアラボが開発したビジュアルプログラミングツールで、ブロックを組

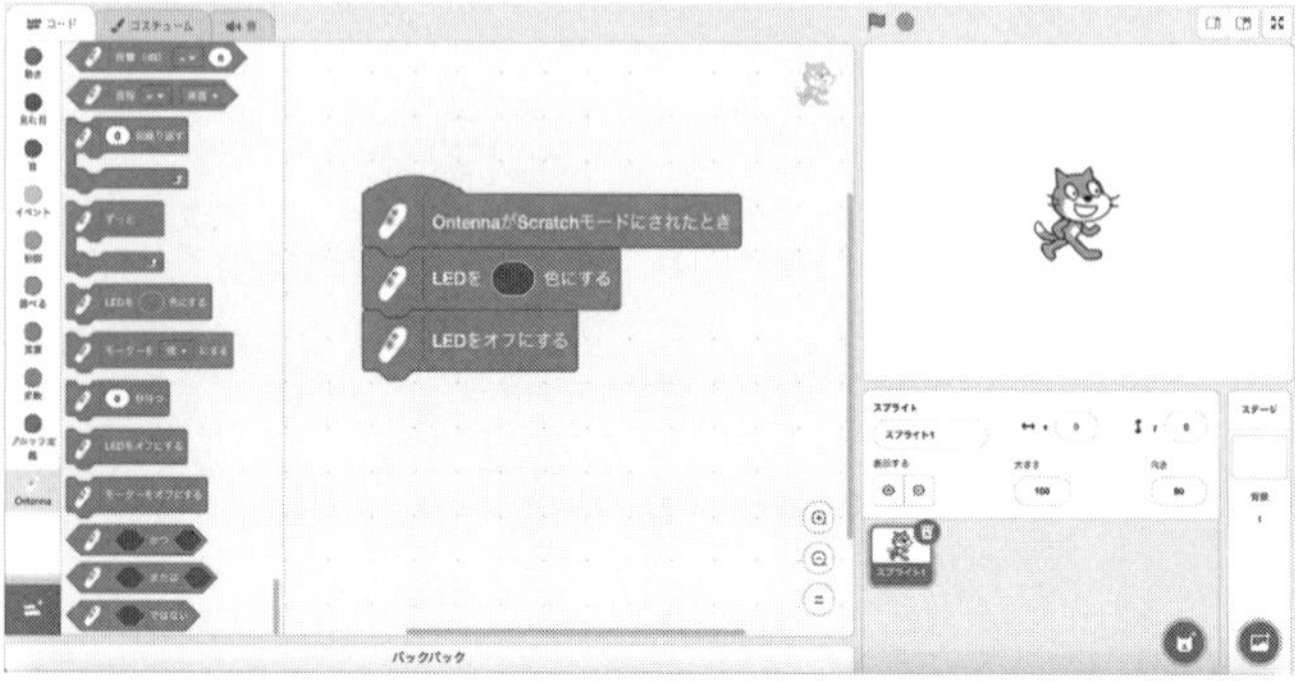

プログラミングツール「scratch」の設定画面

み合わせることで、プログラミング初学者でも簡単にプログラミングすることができるのが特徴で、すでに多くの日本の学校でも導入されています。

　このScratchを使ってオンテナをプログラミングすることで、ろう学校の生徒が自分たちの手で自分だけのオンテナを作れるようになるのではないか――。そのための環境の開発に着手しました。

　どのようなブロックが必要か事前にヒアリングを行い、使用可能なブロックを15種類用意しました。「LEDブロック」「音程ブロック」「音量比較ブロック」「かつブロック」「またはブロック」など、音の大きさや高さ、どのような音が鳴ったときにどのように振動させ、どのような色で光らせるかといったことをカスタマイズできるようにしました。

ろう学校の生徒に使ってもらう前に、オンラインでオンテナプログラミングワークショップを開催し、プログラミング環境の使い心地についてヒアリングを行いました。

当日は8名の聴覚障害者が参加して、「直感的にプログラミングを行うことができました」「自分の考えたものがそのまま動いて嬉しかったです」といった意見をいただきました。

一方で、「ソフトウェアをインストールする際の手順をもっと分かりやすくしてほしい」「マニュアルが分かりにくい」などの声もあり、それを受けて、ユーザビリティを高めることを目指したのです。

ろう学校との協力によるプログラミング教材開発

ろう学校と関わっていくなかで分かったのは、学校の予算がきわめて限られているということです。チョークや黒板消し、体育で使うマットといった授業に最低限必要なものを購入することが優先され、プログラミング教育のために必要な最新のＩｏＴ機器を導入するのは、そもそも難しいと感じました。

オンテナは、全国８割以上のろう学校に導入されており、音楽や体育の授業など、発話練習やリズム練習で活用されています。そのオンテナを使ってプログラミングを学ぶことができれば、ろう学校の生徒がＩＣＴ（情報通信技術）に触れる機会を作り、自分たちの課題を自分たちの手で解決するきっかけとなるのではないかと考えるようになりました。

オンテナの開発過程でお世話になっていた都立葛飾ろう学校の先生に相談したところ、「ぜひ協力させていただきたいです」という前向きな返事をいただくことができ、プログラミング教育環境のプロジェクトを進めていくことになったのです。

教育教材には、先生がどのように、どのようなポイントを意識して教えるべきかを記載した指導案というマニュアルがあります。

オンテナを使用することで、どのようにしてＩＣＴに触れる機会を作ることができるか、ろう学校の先生と相談しながら、イチから教材を作ることとなりました。ま

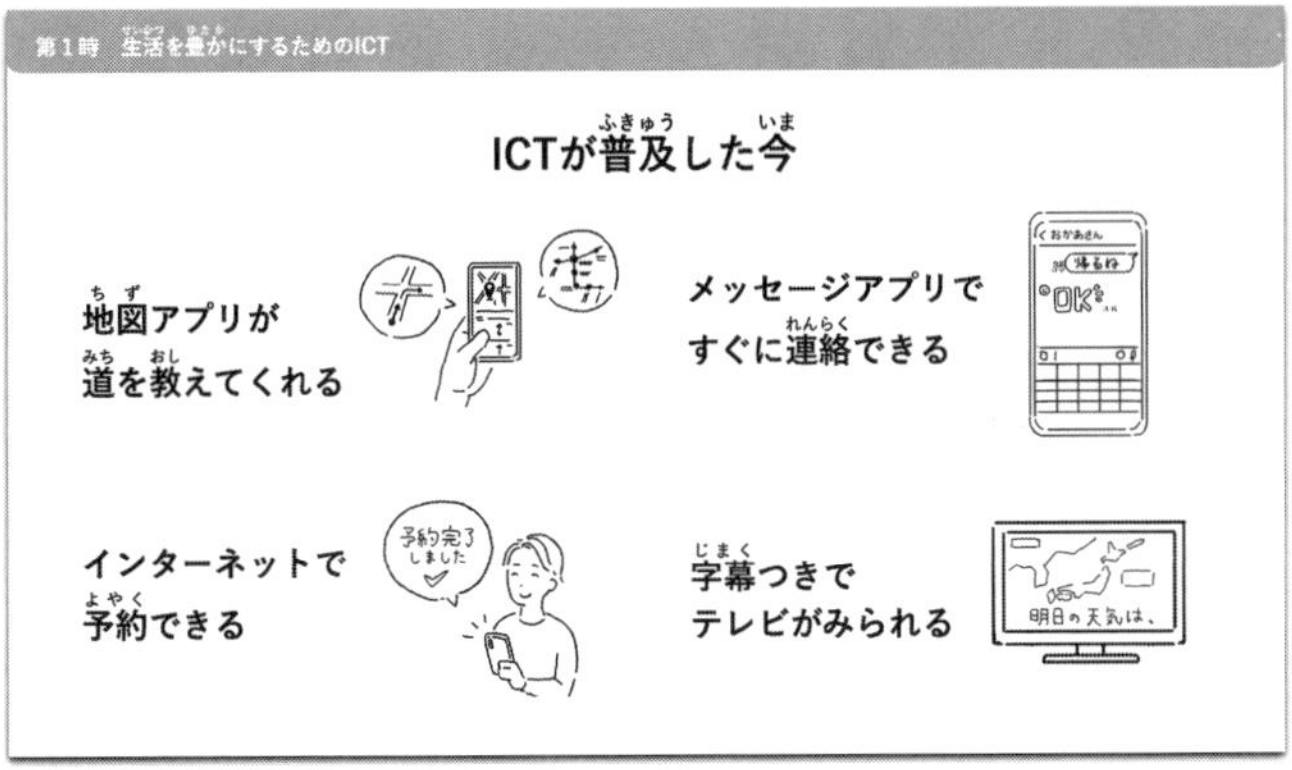

授業で使用したスライド

た、文部科学省のプログラミング普及に取り組む部署と連携し、より良い教材を目指すことはもちろん、日本全国に広く発信できるような体制づくりを目指したのです。

ろう学校の先生に対するヒアリングから見えてきたのは、日々の業務に追われ、なかなか新しいことを始める余裕がないという現実です。特に、プログラミングという不慣れな教育を行いながら、必要なコンテンツを準備することは難しいと感じました。そのため、指導案だけではなく、絵やグラフを多く使った授業用スライドやワークシートも同時に作成し、ろう学校の先生がすぐに授業ができるよう分かりやすいコンテンツの整備を心がけました。
その一例を紹介します。

ろう学校の生徒たちが記入したワークシート

○1限目　生活を豊かにするためのICT

はじめに、スライドやワークシートを使いながら身の回りのICTについて生徒たちに考えてもらうようなワークを考えました。

スマートフォンや自動改札機、自動ロボットに触れ、技術によって生活がより便利になったと意識してもらえるよう、生徒たち一人ひとりに考えてもらいました。

○2限目　Ontennaを調べてみよう

次に動画を使い、オンテナとはどのよう

なものなのか、開発者がどのような思いで開発をしたのかに関するインプットを行いました。さらに、オンテナのようなICT機器はプログラミングによって動いていて、プログラムを変更することで、機器の動作を変えることができるということを学びました。

○3〜6限目　Ontennaを動かしてみよう

続いて、プログラミングに関するワークを行いました。

Scratchを用いてプログラミングの基本動作である「繰り返し」や「ずっと」といった考え方について学習し、オンテナの光の色や振動の強さを変える簡単なプログラミングに取り組みました。オンテナプログラミングのために作成した「ずっとブロック」や「もし××ならブロック」などを用いながら、繰り返しや条件分岐について学んでいきました。

○7〜8限目　自分の課題を解決するためのプログラミングを考えよう

どのようなオンテナがあれば嬉しいか、日常生活において自分がほしいオンテナはどのような機能があると便利かを一人一人に考えてもらい、ワークシートにアイデアを記載して、発表してもらいました。

「後ろから呼ばれたことを知りたい」

「時計のアラームの音を知りたい」

「車が近づいてきたのを知りたい」

ここからがオンテナをプログラミングしていく時間です。ワークシートに書いた自分のアイデアをアイデアで終わらせるのではなく、プログラミングすることで、実際にオンテナを作ってみようということです。ブロックを組み合わせながら、一人一人、自分だけのオンテナを制作していきました。

○9限目　オリジナルデバイスを紹介しよう

最後に、自分たちが作った自分だけのオンテナを発表しました。後ろから呼ばれたことを知りたいという生徒は、大きな音がないときは常に青色に光り、大きな音がしたときだけ3秒間赤色に光って振動するオンテナを作って発表してくれました。また、アラームの音が聞きたいという生徒は、大きな音かつ高い音が鳴ったときに、振動して緑色に光るものを制作しました。発表会では、「私もそれ使ってみたい！」「これは便利」など、他の人たちのアイデアや課題を共有する機会を得ることができました。良いと思ったアイデアは生徒同士でプログラムをコピーして使用し、さらに自分の要素を付け加えることも可能です。

自分だけのオンテナを作成し、自分の課題を自分で解決する教育環境をクロス・ダイバーシティで作り出しました。

2020年12月11日、クロス・ダイバーシティのメンバー、ろう学校の先生、文科省の担当者、富士通の役員が出席して記者発表を行い、開発したこれらのオンテナプログラミング環境を無償公開しました。

Ontennaプログラミング環境を発表する記者会見に集まったメンバー

コロナ禍のためオンライン会見でしたが、多くのメディアが参加し、新聞やウェブページなどで取り上げられました。

このオンテナプログラミング機能は、ろう学校だけでなく、聴者の通う普通学校でも使われはじめています。

オンテナを用いてプログラミングを学ぶことで、プログラミングだけではなく、聴覚障害についても学ぶことができます。プログラミング教育×ダイバーシティ教育という新たなアプローチです。また、耳が聞こえる生徒も、オンテナを使い、どのようなことができるようになりたいかといったアイデア出しを行っています。「イヤホンをしながら、インターホンの音に気づくことができる」「蚊の音に反応させて、刺されないようにしたい」といった自由な意見や発想がありました。

聴覚障害とはどのようなものか、聴覚障害者はどのようなことに困っているのか、手話や要約筆記、ＩＣＴ技術はどのように活用されているのかを学び、聴覚障害への理解が深まるきっかけになればと思っています。

アートワークショップ

瀬戸内海に浮かぶ香川県の豊島《てしま》。そこに、クリスチャン・ボルタンスキーという作家によるアート作品「心臓音のアーカイブ」があります。アーカイブされた世界中の人々の心臓音を聴くことができ、自身の心臓音を録音することも可能です。しかし、ろう学校の生徒たちにとっては、その魅力を十分に感じることが難しい作品でもあります。

2021年7月、香川県立聾学校の生徒が参加し、アート作品を体感するワークショップを実施しました。これには、作品を管理している福武財団の協力を得ています。

ワークショップでは、オンテナを用いて作品の音を感じてもらうだけでなく、プログラミング機能を使って自分たちだけのオンテナを作ってもらい、それぞれの感じ方で作品を体感することを計画しました。

ろう学校の生徒たちに加え、島の土庄《とのしょう》町立豊島中学校の生徒たちにも参加しても

ワークショップに参加したろう学校の生徒たち

らい、ろう学校の生徒とペアを組んでもらいました。そのほとんどが、これまで耳が聞こえない人に接したことがないという生徒たちです。

ろう学校と豊島中学校の生徒は、オンテナを装着して心臓音のアーカイブの中へと入っていき、髪の毛や服に装着したオンテナの振動や光を通して心臓音のリズムを感じます。ろう学校の生徒からは、

「もっと身体に染み込んできた」

「心臓音とともに、振動していたことが面白かった」

という意見が寄せられました。豊島中学校の生徒からも「音や光だけでな

く、触覚でも感じられた」「より心臓音を感じることができた」といった声がありました。

光の色や振動の強さが変わるようにプログラミングした自分だけのオンテナをつけて作品鑑賞を行ったろう学校の生徒は、「普通にオンテナをつけたときよりも、より作品に興味を持つことができた」と話していました。自分の感じ方を自ら方向づけしたことで、より作品に意識を向けるようになっていったのではないでしょうか。

特に心に残ったのは、ろう学校の生徒とペアを組んだ豊島中学校の生徒たちからの感想です。

「耳が不自由だから、しゃべるのが苦手だから、仲良くなれないなんて絶対にない」
「これまで遠いと思っていたろう者の方と友だちになれたような気がした」
「何も私と変わらない」
「最高の友だちができた」……

これまでに聴覚障害者と接した経験がほとんどなかった豊島中学校の生徒たちが、この日のために手話を覚えてきたり、オンテナを通して作品の意見を交換したり、筆談や身振り手振りで懸命にコミュニケーションを図ろうとする様子がとても美しく、まぶしく映りました。

音を感じる未来の展示

２０２０年4月、日本科学未来館にクロス・ダイバーシティのラボが設立され、科学コミュニケーターにも参加してもらって、ワークショップを行う環境が整ってきました。科学コミュニケーターは、科学技術の内容を分かりやすく伝えるだけではなく、一般の人の疑問や期待を研究者に伝えて、双方向のコミュニケーションを生み出す存在です。

２０２０年8月20、21日の2日間、この場所で音を感じる未来の展示ワークショップを開催しました。日本科学未来館には、科学技術や未来社会を学ぶ常設展示がたくさんありますが、映像コンテンツに合わせた音楽や、ロボットから出る音声などは、聴覚障害者には十分に感じることが難しい展示です。科学コミュニケーターと協力し、聴覚障害者がより展示に興味を持ち、楽しんでもらえる展示方法を検討しました。

10代から40代の男女、約20名の聴覚障害者にワークショップに参加してもらい、オンテナを装着しながら展示を体験します。参加者からは、「音の大きさやリズムが分かりました」「ロボットの声を感じられました」といった声があった一方、「どの音に反応したのか分かりづらかった」「展示の中の、この音だけに反応するというシステムのほうがいい」といった意見も得られました。このように、厳しい意見も含めて当事者からヒアリングを行うことで、改善の方向性を探りました。

からだで感じるニュートリノ

ニュートリノという名前をお聞きになったことがあるでしょうか。「ニュートラル＝電気を持たない中性」と「イノ＝（イタリア語で）小さい」を組み合わせた、素粒子のひとつです。

まだ謎の多い不思議な素粒子で、世界中で研究が進められています。岐阜県飛騨市神岡町にはひだ宇宙科学館カミオカラボという施設があり、普段感じることのできない素粒子の不思議な性質について発信しています。

カミオカンデから素粒子を「振動」と「発光」として伝える

オンテナとひだ宇宙科学館カミオカラボのコラボレーションにより、ニュートリノを感じたり、表現したりしながら最先端の研究を体験することで、基礎研究や宇宙・素粒子研究に対する理解・関心を深めるワークショップを企画しました。オンラインで参加し、身体で感じるニュートリノワークショップで、そのポイントは、普段感じられない素粒子をどのように伝えるのか、ということです。

カミオカラボの協力により、宇宙から降り注ぐ宇宙線を、世界最大級の宇宙素粒子観測装置であるスーパーカミオカンデが受け取り、そこで観測されたデータのうちニュートリノらしきものを音に変換して、オンテナが発光・振動するというシステムを構築しました。宇宙やニュートリノについて学んでいると、突然ブルッとオンテナが震えます。それを体感しながら、「先ほどの振動は何の素粒子だったのか」と宇宙に思いを馳せるのです。

参加したろう学校の生徒や教員からは、「面白い科学体験となった」「誰もいままで体験できなかった科学の内容を振動に変えることで、すごく興味深く身近なものに感じる経験ができたなと思います」といった感想を得ることができました。

普段五感では感じられないニュートリノを体感することで、科学技術や宇宙に興味を持つきっかけになればと思っています。

ワークショップを通してデザインしたかったこと

クロス・ダイバーシティで取り組んできたいくつかのワークショップを紹介しましたが、結局我々がやりたかったことは何なのかを考えたとき、参加してくれた人々の行動変容を促すことだったのかと思い至っています。

アートワークショップで豊島中学校の生徒がろう学校の子どもたちと触れ合ったよ

地元の中学生とろう学校生徒が交流した

うに、ワークショップに参加し、交流した経験からそれぞれの違いを受け入れ、自分らしく生きることのできる社会の形成につながるのではないかと思います。

文部科学省や福武財団、未来館やカミオカンデなどの関係者も、ワークショップを準備し、参加するなかで、これまで接点の少なかった聴覚障害の世界に触れ、その接点をデザインしていく作業に携わっています。それが結果的に、多様性を受け入れる社会を作ることにつながっていくのではないでしょうか。

私が大学1年生のとき、文化祭でた

またまろう者と出会い、手話を勉強するようになったことは前述しました。そこから音のない世界に興味を持ち、ろう者の協力を得て、オンテナの研究開発を進めてきました。その出会いやセレンディピティ（予想外の出会いによる発見やひらめき）のようなものを、どのようにデザインし、社会に広めることができるのか、そこに私の興味があります。

「誰かのために生きたい」「社会のために何かをしたい」と考えている人は少なからずいると思いますが、何をすればいいのか分からない、何から始めたらいいのかきっかけがない、という方もいるかもしれません。

そんな思いに寄り添い、ぽんと背中を押してあげられるようなワークショップデザインができればと思いながら、クロス・ダイバーシティの研究を進めています。この本を読んでくださっている方も、その一歩を踏み出していただけたらとても嬉しいです。

地域の手話サークルを覗いてみる、要約筆記の講座に応募してみる、テレビ番組の手話放送を見てみるといったことから始めてみても良いかもしれません。きっとそこには驚きに満ちた、新しい世界があると思います。

クロス・ダイバーシティのような取り組みが社会にいくつも生まれることで、様々な違いに触れるきっかけが増えていきます。

それによって社会全体が、少しだけ優しくなれるのではないでしょうか。

第８章

技術の多様性と課題の多様性に挑む

菅野裕介
東京大学生産技術研究所准教授

「ユーザー参加型」のAI開発

専門知識を持たない一般の初心者ユーザーと機械学習というツールの関わりをどう設計すべきか――それが研究期間を通して私たちが取り組んできた課題でした。

一部の専門家が主導するのではなく、エンドユーザーが自らAIの問題設計に関わるような仕組みを実現し、ツールとしての機械学習のポテンシャルを十分に発揮したい、と考えたのです。

たとえば、私たちがこれまでに開発し、ワークショップで利用してきたインタラクティブな音認識システムは、グラフィカルユーザーインターフェース（GUI）を通して独自の環境音分類モデルをつくることができるものでした。一般的に、機械学習モデルをゼロから設計・構築するためには、学習データの準備・アノテーションとモデルのテスト・動作検証を繰り返すことのできる仕組みが必要になります。

犬の鳴き声と猫の鳴き声を分類するモデルを作ることを例に考えてみましょう。

第1章で説明した通り、この場合はまず実際に色々な犬の鳴き声と猫の鳴き声のデータを集めて、犬と猫どちらのカテゴリーに属するかを表すラベルをつける（アノテーションを行う）必要があります。一定数のデータにアノテーションを行った後、モデルを学習させると音の分類モデルができあがり、モデルに新しく音を聞かせるとそれが犬の鳴き声か猫の鳴き声かを判断して答えを返してくれます。最初に与えた学習データが妥当かどうか判断するためには、さらに色々な音を聞かせてどういうときにモデルが間違うのか調査し、間違えやすいケースに対応する学習データを追加したりしながらさらにモデルを更新していきます。このような一連の作業を非専門家でも容易にできるようにするのが私たちの目指すゴールです。

機械学習でつくった分類モデルは原則として与えられたデータを元に学習を行うため、ここで与えられた音から大きく外れるものを正しく分類する保証はありません。仮に犬の鳴き声として与えられたデータが、大型犬が低く吠える音だけだったとすると、小型犬の甲高い鳴き声が同じ犬の鳴き声として分類されるかどうかは分かりません。

また、定義されたカテゴリーのどれにも属さないケースを自動的に判断するのは、

ＡＩにとって難しい課題です。犬と猫を分類する、という問題設定において、「犬の鳴き声として分類されない」というのは猫の鳴き声として分類される、ということでもあります。

「その他」「環境音」などの特別なカテゴリーとそのための学習データを与える、など色々な方法はあるのですが、基本的には適切に問題を与えなければＡＩも意図通りの動作をしてくれません。「犬の鳴き声と猫の鳴き声を聞き分ける」「身の回りの音から犬の鳴き声を検出する」「鳴き声から犬の種類を判断する」など、それぞれ似ているようでまったく違う問題設定と学習データが必要になることに注意してください。「犬の鳴き声」というカテゴリーを作っただけではまだ必要な問題を正しく解決できるか分かりませんし、そこからユーザーがどのような問題を解決しようとしているか自動的に判断するのも容易なことではありません。

データを一覧するマップづくり

ユーザー自身がモデルを定義してデータを与え、モデルの学習に携わるためのインタラクティブ機械学習に関する研究は古くから行われているのですが、その多くは画像や文章などのデータを対象としていました[*1]。

たとえば、ユーザーがアップロードしたものだけではなくインターネット上から収集した大量の画像データがあるとき、そのなかから目的のカテゴリーに属する画像を見つけて学習に使い、分類モデルを作ることを考えます。

インタラクティブにモデルの学習と検証を行うための一つのポイントは、効率よく大量のデータを閲覧し、素早く目的のデータを見つけてアノテーションできるようにすることにあります。従来の研究ではたとえば、データの一覧性が高いマップ上にデータを配置することでこれを実現していました。犬の画像同士や猫の画像同士など、内容が近いもの同士が近くに来るようにデータを配置することでデータの全体像を把握しやすくなります。「内容が近い」かどうかはもちろん人間が判断するわけではなく、入力データを表現するためのモデルを事前に学習し、それを元にこのようなマップを作ることになります。

では、音を対象に同じような仕組みを実現しようとしたとき、どのような課題があるでしょうか。

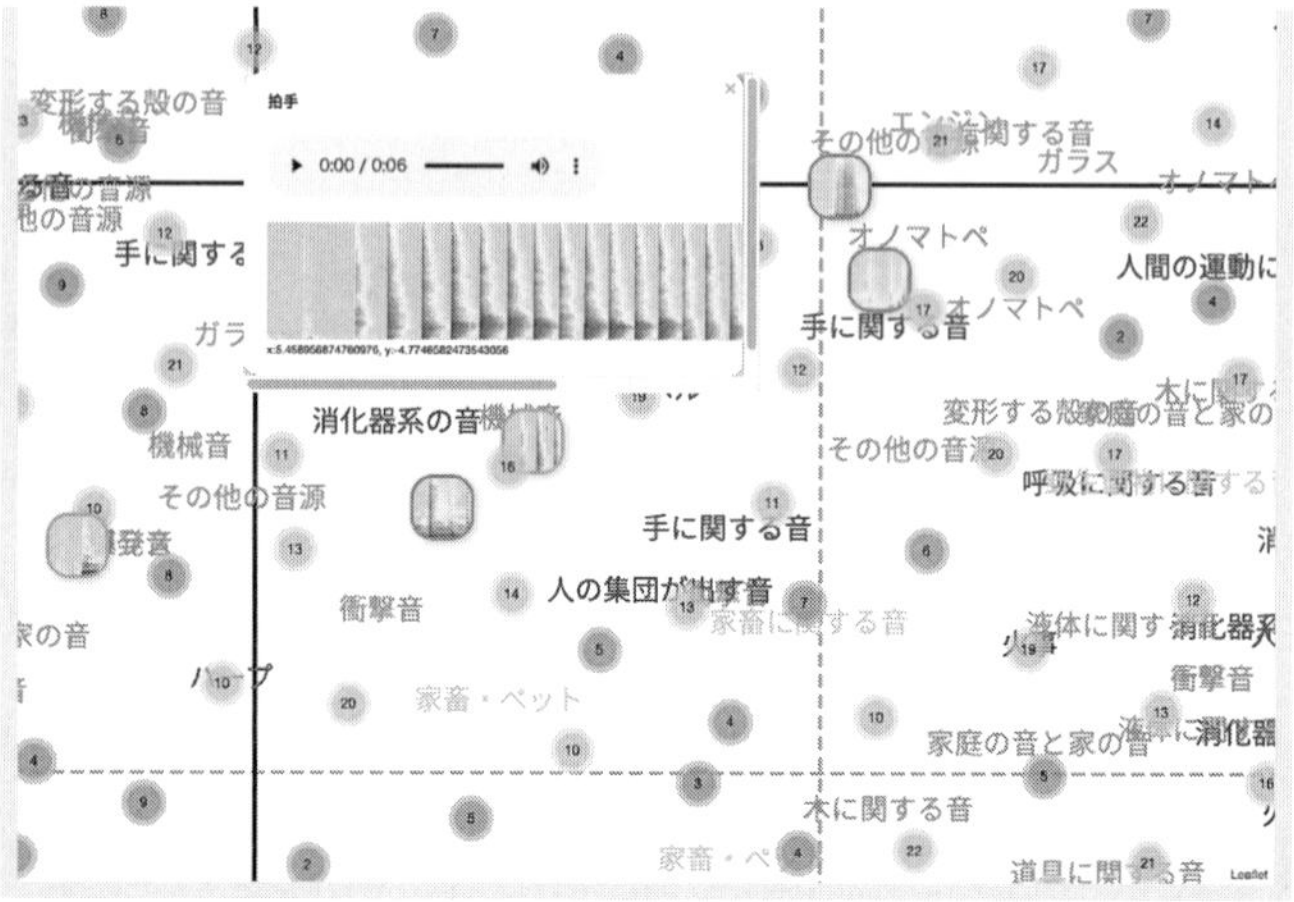

マップ上に配置された音データ

音のデータを二次元のマップ上に配置すること自体は、画像データ同様に実現可能です。イメージとしては、事前に多種多様な音を聞き分けるようにAIを訓練しておき、そのAIがどのように音を表現しているかを取り出すことで判断することになります。音を聞き分ける訓練をしているため、内容が近い音同士は内部の表現も似たものになるのです。

ただし、これを利用して音データをマップ上に配置できたとしても、それをどのように可視化するかという大きな課題が残ります。

画像や文章の場合は個々のデータを

サムネイルやテキストで表現することができるため、マップ上に配置したデータの一覧性は非常に高くなりますが、音は基本的には目に見えないデータのため、マップ上に配置して一覧性を高めることは容易ではありません。

私たちの研究では、音の情報をどのように可視化するのがもっともユーザーの利便性が高いか実験で検証しながら、音認識モデルをインタラクティブに構築するシステムの検討・開発を進めていきました。

音の意味に近い画像を取得するような深層学習ベースの手法なども含めて様々な可視化アプローチを比較し、マップのズームレベルや内容に応じて可視化手法を組み合わせることで、もっとも効率の良い操作が可能になることを示唆した研究事例になっています*2。

最近開催した体験イベントやワークショップでは、このような音特徴マップ機能を実際に組み込んだシステムを使って実証実験を行ってきました。

大量の音データをAIがどのように表現しているかマップ上で確認し、さらに自分で録音した音もそのマップ上に配置される様子を見ながら、音の機械学習を行うことができます。背景には音のおおまかなカテゴリーが文字で表示されているほか、個別

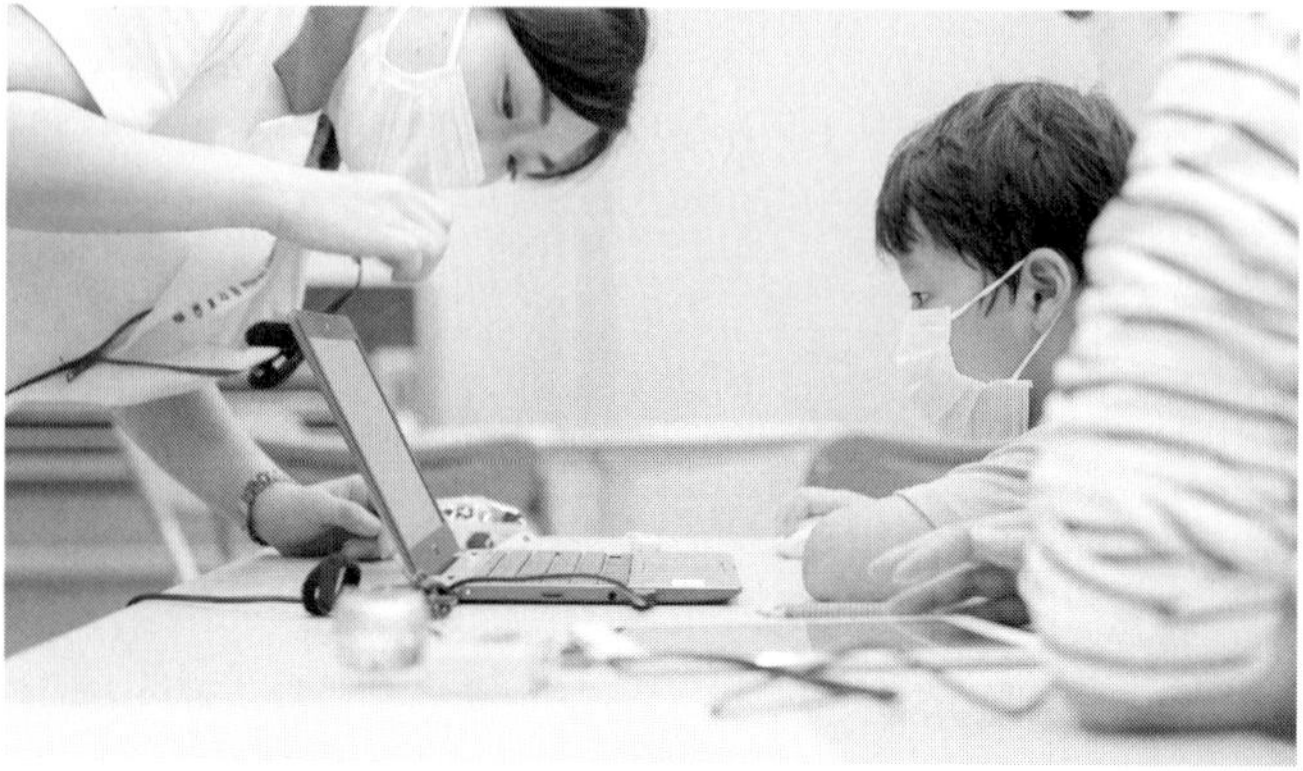

ろう・難聴の子どもたちを対象にしたワークショップ

の音はスペクトログラム（周波数を分析して3次元のグラフ化したもの）でも確認できるようになっています。このマップ機能は元々、既存の音データを効率よく見つける方法として想定していました。

一方、実際に一般の方に使ってもらうなかで、マップ上に音を配置する機能にはそれ以外の効果もあることが分かってきました。

ろう・難聴の子どもたちを参加者としたワークショップでは、録音した音をマッピングすること自体が音の特性を調べる目的で使われるケースがありました。先天的なろう児にとって、聞き分ける音のカテゴリーを先に考えるのは容易なことではありません。むしろ、彼ら・彼女らの興味は普段目にするモノがどのような音を発しているか調べることのほうにあり、音の特徴をマップ上で可視化するプロセスはそれを助けるうえで大きな役割を担っていました。

また、一般の参加者による体験イベントなどでは、このような技術の中身、つまりＡＩが音をどのように聞いているかを可視化するような仕組みは、技術に対する理解・興味を促進する可能性も感じられました。ブラックボックスとしてのＡＩではなく、ツールとしての機械学習という理解をするうえでも可視化が重要な役割を果たし得ます。

このように、ある技術が別の目的に転用されることは、基礎研究の重要な効果の一つでもあると思います。

ＡＩ研究の現在

クロス・ダイバーシティの5年間でＡＩ研究をめぐる状況は大きく変化してきました。

特に、ここ数年で最大の変化の一つが、「入力データを表現するためのモデル」を事前に学習するための方法論です。これまで、私たちがこのようなモデルを作る際には「事前に多種多様な音を聞き分ける」訓練をすると書きました。人の声やエンジン音、トランペットの音など、1000種類を超す非常に多数のカテゴリーが定義された大規模なデータセットを用意しておいて、そのすべてを分類するようなモデルを学習することで行われていました*3。

アプローチとしては直感的ではあるのですが、カテゴリーを定義・追加するのも、データを増やすのも容易なことではありません。ユーザーごとの多様なニーズに必ず対応できるようなモデルを学習するのは難しい、というこれまで繰り返してきた議論の要点の一つも、この点にありました。

この問題に対応するために、画像や音など様々な分野で、以前からカテゴリーラベルに依存しない特徴表現学習方法の研究が行われてきました。その一つの方法論として知られるのが「自己教師あり学習」です*4。これは、パズルのように並べ替えた画像を元に戻す、白黒画像に色をつけるなど、データそのものから自動的に作ることのできる問題をＡＩに解かせることで、精度の高い特徴表現が可能になるようにモデルを訓練する手法を指します。この場合、カテゴリー分類のような、人が明示的に与える情報は学習に必要ないので、データさえ集めることができればより大規模で高精度なモデルを学習できることになります。

また、画像とテキスト、画像と音など、種類の異なるデータを相互変換するために、2種類のデータがペアになった大量のデータから特徴表現を学習するアプローチも広く研究されてきました。

先に紹介した私たちの研究で使った音と画像の変換モデルは、大量の動画から抽出した音と画像のペアを使って学習したものです*5。このような学習は多くの場合、「ペアになっているデータ同士はなるべく近く、ランダムな組み合わせのデータ同士はなるべく遠く」なるように特徴表現モデルを学習する、というアイデアを元にしています。この考え方は自己教師あり学習のなかでも特に有効として知られる対照学習という手法でも採用されており、特徴の二次元マッピングにも通じる視点であることが分かるかと思います。

このように、「事前に決めたカテゴリー定義に依存せずに」「大量のデータから」特徴表現を獲得するアプローチは、ここ数年で急速に進歩を遂げています。

手法そのものの革新に加えて、学習に使うデータを単純に増やすことの効果が我々の想像より大きく、インターネット上の大規模なデータから学習したモデルは我々研究者も驚くような性能を見せつつあります。

特にこの1年ほどであらためて明らかになったのが、言語から獲得した特徴表現・知識の汎用性でした。

インターネット上には当然ながら大量の文章データがあり、画像などのメディアを説明するテキストも多数存在します。こうしたデータを使ってモデルが学習する過程は、ある意味でこれまで人類が言語化し、蓄積してきた知識から表現を学ぶようなものです。このように大規模な言語的知識を元に学習したモデルは、学習に使ったデータのなかには明示的には存在しない課題を表現できるようなものになることが示唆されているのです*6。

たとえば、テキストから画像を生成するようなモデルが最近大きな注目を集めています。研究ごとにもちろん違いはあるのですが、こうしたモデルの多くもインターネット上の大量の画像・テキストペアから特徴表現と変換モデルを学習しています。これまでの研究では、画像生成モデルはあくまでも学習に使ったデータを正確に再現するような学習ができるだけで、未知の画像を生成できるようになるわけではない、と考えられていました。

大量の顔画像から学習した生成モデルは人の顔を精度高く生成できるようになる一方で、映画に出てくる異星人のように人間のものとは少し違う「顔」を生成できるわけではない。これはもちろん、データから学ぶアプローチの本質的な制限ではあって、最先端の生成モデルでも完全に解決した問題ではありません。しかし、言語的な知識とともに学習した最近の生成モデルでは、「アコーディオンでできたバク」など既存の画像があるとは思えないものでも生成できることが報告されています*7。

つまり、既存の画像を再現するだけではなく、ある程度基礎的な概念を理解したうえで、未知の画像を出力できるような汎用的な知識を身につけていると言えるのです。

こうした研究は、この原稿を執筆している時点ではまだまだ新しいものであり、この先どこまで発展していくかはもちろんまったく分かりません。

しかしながら、研究者コミュニティにおいても言語を通して汎用的な知識・表現を獲得するというパラダイムが持つ可能性は非常に大きいものと捉えられていますし、これまで前提として存在していた単純な教師あり学習とは本質的に異なる考え方をもたらすポテンシャルを秘めているように思います。

これは、非専門家ユーザーが自分独自のＡＩを設計するという私たちの問題設定にも実は大きく関わっています。インターネット上の大規模なデータで学習した非常に賢い「入力データを表現するためのモデル」が存在し、どのような課題を解いてほしいかユーザーが言葉で指示するだけで目的が達成できるというシナリオも、近い将来に実現するかもしれません。

漠然とした指示だけで適切に知的な処理を行ってくれるような、汎用人工知能に近い仕組みが実現するにはまだ時間がかかると思いますが、言語を通して汎用的なモデルとユーザーがコミュニケーションを取る、というアプローチは、これまで私たちが考えてきたインタラクティブ機械学習のコンセプトにも根本的な発想の転換を求めるものではないでしょうか。

一方、クロス・ダイバーシティの取り組みを通して私たち自身が学んだこととして、言語は必ずしもすべての人にアクセス可能なユニバーサルなインターフェースではない、ということがあります。言語による指示が結局のところ専門家による作業になってしまう可能性は非常に高く、それを非専門家に対して開くことの重要性は変わらないのではないかとも思っています。

研究の「競技性」と「創造性」

事前学習モデルや画像生成モデルの急速な発展は、数ヵ月の間に根本的なパラダイムシフトが起こる事例としても非常に印象深いものでした。深層学習（ディープラーニング）を使った画像認識が研究者の大きな注目を集めたのが２０１２年前後のことですが、その後の10年間でＡＩに関連する研究は研究者の人数も、そこに投入されるコストや予算も大きく拡大してきました。クロス・ダイバーシティの5年間も、こうしたＡＩ研究の拡大と歩みをともにしていましたが、プロジェクトの方向性は必ずしも世間や研究コミュニティと一致していたわけではなかったように思います。

学術的な研究は基本的に、論文を執筆することで進んでいきます。機械学習や画像認識、自然言語処理など、それぞれの研究分野ごとに研究コミュニティが形成されており、重要と見なされる学会や論文誌に論文を投稿し、採択されることでその研究の価値が認められることになります。ＡＩ研究の盛り上がりとともに、研究コミュニティも大きく拡大し、投稿される論文数が増加、採択を競う相手の数も大きくなってきました。

そもそも、このようにある種の集団が一定のルールのもとで競い合うことで集団全体が前に進む傾向は研究に限らず様々なところで見られます。スポーツでもお笑いの賞レースでもヒップホップでも資本主義でも何でも良いのですが、競争性・競技性は私たち人類が前に進むための本質的なメカニズムとして存在しているように思います。

分野自体が社会から大きな注目を集め、人と資金の規模が拡大し、研究が発展すること自体はとても良いことなのは確かですが、その一方で、コミュニティの中で自分の論文が認められることが一つのモチベーションになるというプロセスの性質上、コミュニティの大規模化はどうしてもアテンション獲得競争の激化につながります。論文を媒介としたアテンションエコノミーとしての側面はどの研究分野にも少なからずありますが、規模が拡大する中ではその側面だけが急激にクローズアップされることになりがちです。

コミュニティの規模が大きくなりすぎて適切な論文の査読体制を保つことが難しくなりつつあることも含めて、分野全体であらためて研究のあるべき姿を検討するべきフェーズを迎えつつあるようにも感じます。

先に述べた大規模事前学習モデルはまさに、AI研究が競技性とともに拡大した帰結としての重要な業績であるのは間違いありません。しかしながら、実際にこのような大規模モデルを学習できるデータと計算リソースを持った研究チームは多くありません。勝者がさらに追加のリソースと影響力を獲得して競技全体の向かう方向がそこに集中していく、という勝者総取りの傾向は世の「競技」すべてに存在し得るもので、これはここまでに議論してきた多様性とは根本的に反するものであることもまた確かです。

競技性の高いプロセスそれ自体は、必ずしも多様性を担保しません。競技に対するカウンターとして、競技のルールが定める方向とは違うベクトルに創造性を発揮するような考え方が、集団の多様性を保つうえで重要なのではないかと思います。

私見ではありますが、深層学習が画像認識などのAI研究分野にある種の破壊的なイノベーションをもたらしたことは、むしろそれまであった競技のルールを一度リセットして研究の多様性を高める方向に働いた側面もあったのではないかと思います。そもそも、深層学習という考え方自体が、主流とは離れたところでニューラルネットワークの研究を続けていた研究者たちの存在があってこそ生まれたものであることもよく知られています。それから10年経って、新たな競技のルールが確立しつつあるのが現状なのではないかと思っています。

研究に限らず、競技性を伴う営みの中では、競技性と創造性のバランスを保つことが重要だと思います。

創造性が多様性を担保する、というマクロ的な視点だけでなく、個人のミクロな視点でも、シンプルに競技に乗る以外の生存戦略を身につけることは必要です。10年後20年後にどのような世界が待ち受けているかはまったく想像できませんが、大学に身を置く人間として、現在のＡＩ研究をめぐる状況を眺めるとき、競争に左右されない本質的な価値を創造するとはどういうことなのか、あらためて考えてしまいます。

そんな自分にとっては、クロス・ダイバーシティの5年間の取り組みはまさに、研究コミュニティ内の競技的な価値観から一歩離れて違う視点から研究に取り組むチャレンジになっていました。これは自分にとっても大きな糧になったように思います。

技術の多様性

技術（＝どうやって解くか）の多様性と課題（＝何を解くか）の多様性をクロスさせて新しい価値を生み出すことは、クロス・ダイバーシティの根底にあるコンセプトの一つでした。人々が抱える課題の多様性を発見し、機械学習のポテンシャルとつなげるためのアプローチとして、専門家ではないユーザーが自らの課題を定義・記述できるようにすることを目指しました。

そもそも、私たちが想定していた技術の多様性と課題の多様性とはどういうものなのでしょうか。

ここまでに書いたような研究の創造性の話は、まさに技術の多様性に直結する話です。

いまここで私が「技術」と呼んでいるのは、音声認識やAI向けプロセッサ、透明ディスプレイなど製品化に近いレベルで実現されているパーツやアプリケーションだけではなく、高精度な音声認識を実現するために改良したアルゴリズムやプロセッサの省電力化技術、透明ディスプレイを高画質化するためのデバイス設計など、基礎的な道具のレベルまで分解したものを含んでいます。

論文について前述しましたが、実際の論文に書かれている研究内容の本質は多くの場合、ごくごく小さなアイデアです。技術的なアイデアを論文で示すためには実験などを通してそれが実際に有効であることを検証する必要がありますが、壮大な計画をゼロから実現してすべての要素について検証を行うことはほぼ不可能です。

論文を執筆する際には鍵となる一つのアイデアにターゲットを絞って、緻密な実験を通してそれを実証することにフォーカスする必要があります。「巨人の肩の上」という比喩は研究でもよく使われますが、先行研究の上にこうした提案と検証を積み重ねることで科学技術は発展していくものなのです。

普段私たちがニュースなどで目にするような技術のほとんどはすでに完成されたものですが、そうした技術は常に、過去の研究の小さな積み重ねの上にできています。まだ論文にしか書かれていない、研究レベルのアイデアまで含めると世界には本当に多種多様な技術があり、その多様性はどんどん拡大していると言えます。

こうした観点から言うと、技術の多様性は研究の過程で自然に広がっていくものです。研究という営みを俯瞰的に眺めると、科学技術は競技的な価値観のみで発展してきたわけではなく、人とは違うユニークなことをする、という多様性に向かうベクトルも常に内包しながら進んできました。

研究コミュニティの競技性がどれだけ高まっても、すべての研究が一つの目的に沿って進んでいくものではなく、ある論文で提案された小さなアイデアが、当初想定されていたのとは違う形で他の研究に影響を与え、そこから別のアイデアが生まれる、という連鎖反応によってどんどん技術の多様性が広がっていきます。

これはもしかすると、読者の方が想像する研究の形とは違うのかもしれません。研究というものは解決すべき課題が先にあり、その明確なゴールに向かって進んでいくものだと思われている方も多いと思います。もちろん、そのような課題先行型の研究も多く存在しますし、たとえ基礎研究であっても研究分野ごとに共有されている大きなゴールというものはあります。しかし、技術というものは往々にして思いもよらない方向から発展していくものですし、ある研究成果がもともと想定されていたゴールとはまったく違う形で何かの役に立つこともあり得ます。

研究者の純粋な好奇心と発想力から日々様々な技術が生まれて、技術の数だけ多様な未来の可能性が広がっている。私たちの大多数が期待している明確な未来像には使えそうもない技術でも、誰かが抱えているマイナーな課題の解決には役立つかもしれない。そんな未来の可能性を少しでも増やしていくことが、クロス・ダイバーシティの使命の一つなのではないかと思っています。

とはいえ、これまで見てきたように研究には競技性も要求されます。さらに、競技性と創造性のバランス、という観点は研究に限った話ではなく、クロス・ダイバーシティの取り組みをさらに発展・継続させるうえでは経済的な持続性という意味でも重要なのかもしれません。

実際、研究プロジェクトとしてのクロス・ダイバーシティは科学技術振興機構（JST）の大型予算に採択されたところから始まっています。予算獲得という枠組み自体、これまで話した内容で言えば競技性がきわめて高いプロセスで、多様性の確保という観点は必ずしも最優先されるものではありません。どこまでそれが全うできたかはともかく、研究成果や社会的インパクトなど、私たちには競技的な視点から期待される成果への責任があるのは間違いない事実です。競技性を満たしながら、研究活動を通して多様な技術を生み出すためのコミュニティをつくることは今後のクロス・ダイバーシティの活動にとってもっとも重要な課題の一つだと思います。

課題と価値観の多様性

技術の多様性は研究によって自然に拡大していくと述べましたが、課題や価値観の多様性はそれとは逆に、すでにこの世界に存在するものです。すでに存在する課題や価値観の多様性について考えるうえで、それを認めること、知ることには技術の多様性について考えるのとは別種の困難さがあります。技術の多様性と課題・価値観の多様性、みなさんにとってはどちらのほうが納得しやすいでしょう。

技術の多様性を知ることと価値観の多様性を知ること、その大きな違いはおそらく、自分自身が知らない多様性がまだそこにあると認めることの難しさにあるのではないかと思います。技術の多様性は基本的に研究者のような専門家が「つくる」ものです。世界には自分の知らない技術が大量にあるという事実自体は、ある程度受け入れやすいのではないでしょうか。

一方、世界には自分の知らない課題や価値観があるという事実は、直感的に思うほど受け入れやすいものではありません。技術の多様性は、単純化してしまえば知識の有無の問題に帰結するのに対し、課題・価値観の多様性を認識するためには前提としている常識を見直す作業が必要になります。

私たちはどうしても、すでに知っている・受け入れている多様性の枠内で解くべき課題について考えてしまいがちで、その外側にある課題や価値観の存在を想像するのは本当に難しいことです。そもそもどのような多様性をすでに受け入れているか、その幅にある程度個人差があるのは当然ですが、どれだけ多様な価値観に開かれた人であっても、世界の多様性をそのまますべて想像し、受け入れることはなかなかできません。

自分の理解の範疇にない未知の課題や価値観を、それでも重要だと思えるかどうか、というのは技術を知ることよりはるかに難しいことなのではないかと思います。

実際、私がクロス・ダイバーシティの活動を通して学んだもっとも重要なことの一つは、この課題と価値観の多様性を受け入れることの難しさです。自分自身、これまで意識していなかった課題が世界には多数存在することに気づかされました。研究の視点から見れば、これまで自分が当然のものとして受け入れていた前提そのものにアクセシビリティの課題がある、ということは想像できていたと思うのですが、それでも実際に当事者の方と話すことであらためて自分の先入観に気づかされることが多々ありました。

また、特にクロス・ダイバーシティの取り組みについて研究者コミュニティに向けて話すときに感じることがあります。それは、「世界には解決するべき多様な課題や考慮するべき多様な価値観が存在し、私たち専門家はそれをまだ知らない」という考え方自体が、そこまで前提とされていない、という点です。

正確に言えば、多様な課題や価値観がある、ということ自体には同意してもらえることが多いものの、それに取り組むこと・取り上げることの重要性については丁寧な説明と議論が必要だと感じます。これは研究者のバイアスもあるかもしれませんが、それ以上に私たち皆が抱えている本質的な課題なのかもしれません。まだ私たちが重要だとは認識していないどころか、知ったとしても当事者意識を持つことは難しいかもしれない、それでも「誰かにとっての重要な課題」を技術によって解決するということ。真に多様性に開かれた技術による問題解決の究極のゴールはそこにあると思うのですが、それを実現するにはまだまだ色々なハードルがあります。

実際に私たちが行ってきた研究でカバーできている多様性もまだまだ限定的なものです。技術を多様性に開かれたものにする、という目的を達成するためには、自分や技術が前提としているものの排他性に意識を向けなければならないように思います。

技術の多様性に関しては、間口の広いサイエンスコミュニケーションが一つの重要な鍵になるのではないかと思います。

イベントやワークショップを通して様々な技術に興味を持ってもらう機会を提供しながら、技術の意味を過剰に単純化せず、様々な課題解決に開かれたその複雑さ・可能性を学ぶことにつながるような回路を設計する。これは一つのデザイン論でもあり、これまでクロス・ダイバーシティの活動を通して私たちが取り組んできたのもこれに近いものだったのではないかと思います。

もちろん、私たちが実際に扱うことのできた技術はまだごく一部ですが、このアプローチには一定の可能性を感じています。

一方で、課題と価値観の多様性に関しては、多様な人と出会う・対話する機会を設計するのが一つの方法なのではないかと思います。多様な価値観が存在することを知るためには、私たち一人一人が抱えている物語の固有性への想像力を育てていく必要があります。

分かりやすい物語をベースにしたコミュニケーションではなく、仮に共感はできなくても、そこに実在している他者が抱えている固有の課題に対する想像力をいかに育むことができるか。多様な人々が共に生きる社会というのは究極的にはこのような(「仲間」ではない)「他者」への想像力によって担保されるもので、歴史的にはこの視点は、たとえば文学や芸術が担ってきたものなのかもしれません。

この点に関して私たちもまだまだやるべきことが多く残っているようにも思う一方で、結果としてクロス・ダイバーシティの周辺にはある程度多様な背景と考え方を持った人々が集まり、交流する場になっていたのはやはり良いことだったのだと思います。

私たちクロス・ダイバーシティメンバーの考え方や価値観もプロジェクトを通して少しずつ変わっていったように感じていますし、他者との出会いによって考え方に変化が生じることは多様な未来の可能性を拓く小さな一歩になるのではないかと思います。

「技術」で未来を描く

クロス・ダイバーシティというプロジェクトが提示しようとしてきたのは、最初から一貫してある種の方法論だったのではないかと思います。多様な技術と多様な価値観をクロスさせることでどのような未来を描きたいのか――一部の研究者や専門家でそれを決めるべきではないですし、クロス・ダイバーシティのメンバーが決めたいわけでもありません。

本書でクロス・ダイバーシティのメンバーが語っている未来像はゆるやかにつながりながら、根本の部分ではそれぞれ違っているのではないでしょうか。

私たちに共通しているのは、「技術によって多様な未来が拓けるはずである」という技術に対するある種の信頼感のようなもので、技術による未来のつくり方や、つくりつづけるためのコミュニティのあり方について議論してきました。

クロス・ダイバーシティのメンバーが見ている未来像に百パーセントは同意できない方がいるとして、そんな方にも私たちの試みのなかで見えた可能性の片鱗や方法論が届き、いまと違う未来をつくるきっかけになればと個人的には思っています。

そして、願わくば私たちとはさらに違う考えを持つ他者との対話・共創の場へとクロス・ダイバーシティが発展していけばそれに越したことはありません。単なる似たもの同士の集まりでは決してないクロス・ダイバーシティがこれまでまとまった活動をしてきたこと自体が、多様な未来はつくることができるということの一つの証拠になっているのではないかと思いますし、私はそこに秘められた可能性を信じています。

第8章　技術の多様性と課題の多様性に挑む

＊1　John J. Dudley and Per Ola Kristensson. 2018. A Review of User Interface Design for Interactive Machine Learning. ACM Trans. Interact. Intell. Syst. 8, 2, Article 8(June 2018), 37 pages.
https://doi.org/10.1145/3185517

＊2　Tatsuya Ishibashi, Yuri Nakao, and Yusuke Sugano. 2020. Investigating audio data visualization for interactive sound recognition. In Proceedings of the 25th International Conference on Intelligent User Interfaces(IUI '20). Association for Computing Machinery, New York, NY, USA, 67-77. https://doi.org/10.1145/3377325.3377483

＊3　Jort F. Gemmeke et al., 2017. Audio Set: An ontology and human-labeled dataset for audio events. 2017 IEEE International Conference on Acoustics, Speech and Signal Processing(ICASSP 2017), 776-780. https://doi.org/10.1109/

ICASSP. 2017.7952261

＊4 L. Jing and Y. Tian, "Self-Supervised Visual Feature Learning With Deep Neural Networks: A Survey," in IEEE Transactions on Pattern Analysis and Machine Intelligence, vol. 43, no. 11, pp. 4037-4058, 1 Nov. 2021, doi: 10.1109/TPAMI.2020.2992393.

＊5 Arandjelović, R., Zisserman, A.(2018). Objects that Sound. Proceedings of the European conference on computer vision (ECCV).https://doi.org/10.1007/978-3-030-01246-5_27

＊6 Tom Brown et al. 2020. Language Models are Few-Shot Learners. Advances in Neural Information Processing Systems 34(NeurIPS 2020). 1877-1901.
https://proceedings.neurips.cc/paper/2020/file/1457c0d6bfcb4967418bfb8ac142f64a-Paper.pdf

＊7 Ramesh, A., Pavlov, M., Goh, G., Gray, S., Voss, C., Radford, A., Chen, M. & Sutskever, I..(2021). Zero-Shot Text-to-Image Generation. Proceedings of the 38th International Conference on Machine Learning, PMLR 139:8821-8831
https://proceedings.mlr.press/v139/ramesh21a.html

終章

対談

「xDiversityはGAFAの先のコモンをつくる」

斎藤幸平
東京大学大学院総合文化研究科准教授

落合陽一
筑波大学図書館情報メディア系准教授

菅野裕介
東京大学生産技術研究所准教授

本多達也
富士通株式会社Ontennaプロジェクトリーダー

遠藤謙
ソニー株式会社シニアリサーチャー

1 xDiversityとはどんな試みだったのか

落合　クロス・ダイバーシティはJST（科学技術振興機構）で予算をもらっていた研究で、障害当事者とエンジニアが技術を組み立てていくうえで、ユーザーがどう機械学習するのか、モデルをつくって学習させていくプロセスのなかにどう適切な課題を設定し、コミュニティを設計していくことができるかがポイントだと、この5年間でだんだん分かってきたということがあります。これまでもアクセシビリティの研究は多くされてきたんですが、デザイン―学術研究―社会実装―認知の一気通貫というのはなかなかできていなかった。

ひとつプロダクトを例にあげると、シースルーキャプションズという聴覚障害者向けの字幕ディスプレイを昔つくって、かなり使われているんですが、ソフトウェア自体はオフィシャルでコモン（公共財）でオープンソースとして使われている。

収益事業だと収益的なものが真ん中にあるわけですが、収益事業以外のものは公益的なものが真ん中にあり、それをどうやって資本市場で収益事業としてやっていこうとするかになりますけど、公益性のある問題をみんなで解こうとしたときに、営利企業だけでやれるものではない。
　新しい課題発見をする場所は、持続可能でありながら営利を追求しない経営がおそらく必要になってくるところがあって、それは斎藤さんが言っているようなビジョン、つまり資本主義的な成長は起こしていないけど、社会に公益的な機能を提供しているので、こういった点について意見を交換したいと思っています。
　上場企業の経営者はSDGsかつ資本主義的成長というかもしれないけど、実質的に成長モデルとしていったらギスギスした老人ホームができたりすることもある。

斎藤　ひたすら老人を低賃金で働かせたり。

落合　そうそう、そうじゃないモデルを探求していくことが社会にとってすごく大切なことだと思うんですけど、直近の斎藤さんのご著書（『ぼくはウーバーで捻挫し、山でシカと闘い、水俣で泣いた』KADOKAWA）を拝見すると、いろんなところでケーススタディして、Uberでリュックを背負って働いてみたり、アマゾンの倉庫に行ったり釜ヶ崎に行かれたりしているので、そういったところについてどうお考えか聞いてみたいなと。

斎藤　いまの話にはとても共感しましたし、この本のゲラに目を通させていただいたときも同じような印象を受けました。率直な感想から始めると、私のなかでの落合さんのイメージが大きく変わりました。いままでは落合さんのデジタルネイチャーの話を、資本主義の主流のAIとか、Web3とか、ああいうものの延長として読んでしまっていたんです。

落合　加速主義的に思われがちなんですよ。

斎藤　実際、落合さんの『デジタルネイチャー――生態系を為す汎神化した計算機による侘と寂』（PLANETS／第二次惑星開発委員会）だと、1％の人たちがプログラミングして、アルゴリズムをつくる一方、残りの99％の人たちは、そのことにも気が付かないままに生きていくというふうに書かれてますよね。その際に、GAFAでもなんでも、資本主義的なロジックとか加速主義的なものに飲み込まれていくと、大衆は搾取《さくしゅ》され、公益的なものや非資本主義的な領域が破壊されてしまうんじゃないかと懸念していたんです。

ところがクロス・ダイバーシティでは、障害を持っている当事者の方の視点を入れながら、技術をコモン的な方向で発展させようとしている。もちろん、AIとかいろんな技術は使うけれど、それを資本主義的にドライブさせるのではなく、公益性とか当事者性をより生かしていったり、社会のあり方そのもの、マジョリティの考え方も変えていこうとする姿勢に、共感したのです。

落合　ありがとうございます。「起こりうる」ことを書くことが多いので、「こうしたい」というわけでもない。

斎藤　でも、前からそんな感じでしたっけ（笑）？

菅野　プロジェクトの中にいて、近くで見ていた人間からすると、この5年間で落合さんの視点も少しずつ変わってきた面もあるのかなと感じていました。クロス・ダイバーシティをするなかでそういう視点が徐々に増えている印象は受けていましたね。

落合　社会のいろんなものとぶつかっているから。勉強になることが多いからね。

菅野　テクノロジー的には最近の大規模なＡＩのモデルは中央集権化が進んでしまっているというか、学習にすごいリソースがかかるのは当たり前なんですけど、それを走らせる時点でものすごくリソースが必要なものが増えてきていて。巨大な言語モデルになると、学習済みのモデルにクエリー（問い）を入れて文章を出す時点で、デスクトップＰＣでは走らないみたいな世界観になってきていて、リソースのないところで研究することがなかなか難しいということがあったりして。クロス・ダイバーシティは、技術がどんどん発展して加速していくなかで、その競争から降りることもボクらはできないんだけど、そのなかでどうやって自分たちのなかの多様性を保つのかということが、議論の中心なのかなという気はします。

本多　私は「共創」を専門としていて、それで最近博士号をとり、2022年11月からはコペンハーゲンのデンマークデザインセンターというところに出向しています。この施設では、市民の人たちが共創して、ワークショップなどをしながら方向性を決めていくことを大事にしているんです。政府にも半分入っていて、国の施策にも関与しています。

デンマークは所得格差が小さいので有名で、ゴミを回収する人と医者の給与の格差が2倍くらいしかない。貧困率も5％くらいで、すごく低いんです。みんなカネ儲けのために働いているという感じではなくて、レジ係も結構若い子が多くて、誇りを持ってレジ係をやっていますみたいなことを言っていて、ああ面白いなと思ったんですけど。

斎藤　菅野さんが言っていたように、こういうプロジェクトを真面目にやって、学びながら変わっていくという姿勢は素晴らしいことだなと感銘を受けました。

落合　ありがとうございます。デジタルネイチャーというのは避けられない未来だと思っているんですけど、私のなかでは表裏一体の二つが一緒になっている話なので。ほうっておいてもこの世界はデジタルネイチャーになってしまうから、それに適応しないといけないというスタンスです。望ましい方向としてはボクは多様性を揺籃することに技術を使いたいわけですよ。ただ、避けたい方向に未来が向かうと、効率的に収奪しようということになるわけですね。「月に行こう」みたいな。

いま計算機科学分野の研究は、ほぼ資本市場に蹂躙《じゅうりん》されているんです。たとえば大規模言語モデルを扱える、巨額の資金を持っている企業が、研究の方向性を牛耳って、必然的にそうなっちゃう。巨大資本に蹂躙されちゃうんだったらここをつくっておいたほうがいいなとか、そういうことを考えながらこのプロジェクトも進めていて、そうじゃない技術の方向性を話せるといいなと思っています。

2 「脱成長」とAIの先にあるもの

斎藤　私は現在の資本主義へのアンチテーゼとして、「脱成長」という概念を強く打ち出しています。いま社会の流れとして競争はますます激化していて、企業はもちろんアカデミアの世界にもどんどん資本主義的な論理が浸透してきていますよね。その流れにうまく身を任せるほうが楽かもしれませんが、批判する人も必要だと信じています。それはこれからの社会の発展のためにも重要です。

たとえば、アップルに富を集中させて、iPhoneのような素晴らしいスマホはできたけど、そのアップルが次のステップに行けているかというと疑わしい。iPhoneでいくら儲けたところで、そのおカネを使って、気候危機に立ち向かうための新技術が生まれているかというと、全然そうなっていない。ただ、無駄にカメラの性能を上げるだけの不要なモデルチェンジを繰り返しているように見える。

AIの開発とかもやっていますが、AI、AIって言っているわりに、ようやく最近自動画像生成みたいなものができるようになっただけですよね。確かにすごいことなんだろうけど、他方で私たちは、こんな未来をずっと夢見てきたのでしょうか？　むしろ、約束された理想と現実の進歩の間に大きな乖離《かいり》がある。ＡＩは、私たちを苦役から解放してくれて、人間が本当に楽しいクリエイティブなことに没頭できるようにしてくれるはずだった。それで、おカネがＡＩ開発に集中し、膨大な資源やエネルギー、人材がつぎこまれたわけです。でもその結果できたのは、適当につぶやいたことを絵にしてくれる機械だけとなると、頭を抱えます。

落合　計算効率の改善、富の集中がいまの社会を良くすることに向かっているかというとそうでもないという斎藤さんのご主張はよく分かるんですけど、菅野さんとボクは少し違った見方をしていて、レイ・カーツワイルがシンギュラリティ、つまりフロップスで考えたときにコンピュータの処理能力が人間に匹敵するようになると言い出したのは、２０１０年代の中盤なんですよ。

そのころは２０４０年くらいに人間に到達すると言われていたんですが、それから大規模な言語モデルとかが出てきて、技術進化の角度が急になったんです。いろんな研究者が参加したり資本が入ってきたことで、人間並みの処理を可能としだすのはおそらく２０２６年とか２０３０年あたりで、４～５年先なんです。もう絵師みたいな専門職はいらないんじゃないかというようなことが、あらゆるところで出てくる。

実存的シンギュラリティは神学論争だと思うので、何とも言えませんが。

たとえば、プロンプトを打つだけで自分の本ができるみたいな。「斎藤幸平と対談、脱成長とデジタルネイチャーの向かう先は」と書くと9割くらい原稿が埋まっていてあとは赤入れするだけみたいな。それは夢物語ではなくて、もう始まっている。連結と圧縮が言語は容易なんです。

我々の知的プロセスって言語から言語が生み出されて言語になるじゃないですか。赤い犬が椅子に座っているのが本に書いてあったとか、その効率が非常に上がったので。適当につぶやくと絵が描けるというものは、絵の形にすると圧縮量がかなり下がっちゃうんですけど、言語ｔｏ言語の段階ではかなり自由なことができて、かつ計算機資源も投入されまくっているので、相当な勢いで技術革新が進んでいます。しかも、入出力に言語すら必要なくなっている。

音楽でも、ボクは最近ライブばかりやっているんですけど、30分のライブのためにＡＩで１００曲以上つくって、当日ＤＪしながらさらにその場でＡＩで曲つくってみたいなことができるようになって、弾き終わる前に次の曲ができているんです。

アニメーションをつくるのも、原画が80万枚あれば映画一本撮れるんですけど、それを一人で1週間でつくれるようになると、企画屋かつアーティストのボクが、現場に行って一人で全部作ってリアルタイムでそれを編集するという時代になっちゃっただけなんです。そうなると50人いたスタッフが一人で良くなる。

2%のボクだけが働いていて、98%の人にかかった経費は確かに削減されて、どうなったかというとＧｏｏｇｌｅのサーバーを借りるのに使っている。つまり、巨大資本に吸い取られている。実際にはまだだけど、多くの部分は効率化されてそうなっていく部分があると思うんです。効率化して人の数を減らしたうえで、少数の企画者が目的に到達するのは容易になっているけど、それをやる手順はだいたいＧＡＦＡに収奪されている。そこまでは、ほぼ同意です。２０３０年くらいになってこれがもうちょっと行き着くとすごい映画が撮れるようになると思うんですけど。クリストファー・ノーランが一人で映画撮ったらしいぞみたいな。ひょっとしたらそうなるかもしれない。

斎藤　落合陽一がね。ノーランを超えた映画を一人で撮ったみたいな。

落合　ＡＩってクリエイション良くなったよねと言いながら、実質見ているのは

Netflix、Amazonプライムだったりして。映像が脳に直接出力されるようにはならなかったじゃないかと言われるのはすごくよく分かる。それはハードウェアが十分に低速だからだと思います。

斎藤 そうそう。だからハードウェアもロボティクスとかを含めると物理的な実装のプロセスとしては、現実の世界はあまり変わっていない。結局、スクリーン上でのシミュレーションの次元にとどまるわけです。

だから、物理的な次元でみると、AIが発達して、いまなにか具体的なロボットがあるかというと、結局お掃除ロボしかないんですよね。犬を散歩させてくれるロボットもいなければ、洗濯ものを自動で畳んで棚に戻してくれるロボットもいない。空飛ぶなんちゃらとか、どこでもドアとか、子どものころに描いていたような世界は全然ない。Netflixとか、画像生成とか、デジタルの画面上ではものすごいことができるようになっている割に、現実の日常はほとんど変わらない。人々がロボットによって単純労働から解放されていくはずだったのが、むしろいわゆる、クリエイティブな仕事がなくなっていくという皮肉な結果に……。

落合 筋肉が最大の資本ってやつ?

斎藤　それは、人間が単純作業をしながら、ＡＩが創作活動や批評をする世界ですよね。それだと意味がない。

成田悠輔さん（イェール大学助教授）の言う「政治家はネコになる」なんていう世界も、それに近いですよね。ただ、ここには別の問題もあります。仮に、成田さんが主張するようにうまくアルゴリズムを調整して、マイノリティの人たちの意見も採用される無意識民主主義が技術革新で実現しても、結局人間の側の価値観が変わらなかったらうまくいかないわけです。たとえば無意識民主主義でマイノリティの意見がうまく反映されて、機械の側が「この社会にとってこれが最適解です」というものを出しても、マジョリティは納得しないでしょう。

なんでも自動化していって、アルゴリズムで済ませようという考えは、一歩間違うと、難しい問題を考えるのめんどくさいよねという思考放棄になる。差別・格差、そういうのはうまくアルゴリズムでやってくれよというふうに、学ぶ過程を放棄してしまえば、最終的にはマジョリティに都合の良い社会を再生産することになるのではないか。

落合　分かります。

斎藤　そういう意味で、クロス・ダイバーシティは当事者の人たちの話を容れて技術を開発しなければいけないんだという強い意思を感じて、そこがいいなと思ったんです。

落合　『なめらかな社会とその敵――PICSY・分人民主主義・構成的社会契約論』（鈴木健、勁草書房）って結構好きな本ですけど、私は人類の能力をあんまり信用していません。人類の意思決定は十分に低速、情報的プロセスはすでに光速、物理的プロセスはまだ低速という、この3段階によって得られる最適解が実はアルゴリズム社会ではないという点は、様々な論者がおり、同意できます。なめらかな社会のその敵自体が人間性として残ったりして。人類の意思決定とか、人類のなれる速度は低速、つまり環境適応速度が低速なので。

菅野　この辺の話はクロス・ダイバーシティ全体の議論でも結構重要なポイントという気がして、いまの技術革新って抽象的な領域で起こっているんです。ソフトウェア全般に言えることですけど、テクノロジーにそれなりに詳しい人から見ると非常に技術革新が進んでいるんだけど、身体的にはなかなか理解できない。

本当はAIとか機械学習があったときにほかの使い方はあるはずだし、世界を

ＧＡＦＡ的なシナリオとは別の形で変える可能性はもちろんあるんですが、ではそこを本当に民主化するためにはどうすればいいのかというところが一つのポイントだと思います。触って分かるような、つまりタンジブルなイベントにするのは最初のきっかけとしては効果的ですが、それだけだとどうしても「ＡＩすごいね」みたいなところで終わってしまう。その先につなげるのはやっぱり教育とかコミュニケーションによるしかないのかなというのは、まさに話していたところではあって。

本多　ディストピアにならないためにどうするかというところで言うと、斎藤さんが仰っていた１％の人たちだけが設計するとディストピアになってしまうのがなんとなく分かっていて、それをどうやってマイノリティの人たちと一緒につくっていけるかというアプローチが、クロス・ダイバーシティだと思っています。

斎藤　いま人類が抱えている持続可能性などの問題を考えたとき、はたしてディープラーニングとかマシンラーニングにいまほどの資源やおカネを使うべきなのかということは、もっと非専門家が問題提起してもいいと思う。リソースも有限だし、頭がいい人も有限で、私たちが抱えている問題にはもっと大事なことがあるんじゃないのかということを社会全体で議論すべきだと私は思っています。

菅野　それは間違いなくありますね。

落合　いまの技術革新の動きを見る限りは、専門家には説明義務はあるがリソースのかけ方は比較的適切だと思っていて、ただ再分配のされ方はまったく適切じゃないと私は思っています。ここに違和感が出るのは分かる。

得た富や得た知が社会に還流されていないので、その独占とリソースの使用関係をちゃんと正せというのはその通りだと思うな。恩恵が得られないように囲い込むならそんなリソースは使うなということだし、進歩しているならそれが恩恵を得られる形で提供しろというのはもっともな話なので。それをあえて隠しているのか、それともコミュニケーションがめんどくさくてやっていないのか分からないけど、そこにはものすごく違和感はある。

斎藤　私たちの生活レベルでいうと、技術革新と生活実感の間にだいぶ乖離があると思うんです。

落合　タンジブルな結果にならないですね。実存の問題はＡＩを超えてくるけど、身体の問題はあまり超えられないというのはこの議論と結構近いと思っているんですが、実存主義の人たちは、人間はどうあるべきで、知的生産や知的な何かを残すことが人間の生きている意味だみたいなことを言ってきたけど、そこで言われていた「知的な人間」を、AIは簡単に超えてくる。だけど、身体の問題で超えられる知識はすごく低いというか。

知的生産が人間の本質であるということは大きく間違っていると思っていて、知的生産プロセスそれ自体は人類よりコンピュータのほうが全然速くなると思うんだけど、だからといって人間の身体と合わせた知的なものはそうでもない。情報を投入してそこから出てくるクリエイティブなアウトプットの数という面では、計算機的能力が人類を規定するものにはならないんじゃないかというのが、ボクらが身体を動かしまくって研究した結論ですね。

3 ブレイクスルーとマイノリティからの学び

落合　ディープラーニングに代表されるように、近年のAIの発達は資本がないとなかなかできないようになっていて、ディープマインドも計算効率が改善してるけど、一般には見えていないところで進んでいます。

斎藤さんからのコメントで、富の集中がいまの世の中を良くすることに向かっているようには見えないと。ボクと菅野さんは向かっているように見えるし、言語モデルに代表されるように革新的な変化は起こりまくっているけど、タンジブルな結果は表出せず、情報だけがガンガン進んでいる。

情報的なプロセスが光速で進んでいることが、体感とか体験ではタンジブルな現象になっていない。しかし、やがてお盆をパカッと裏返すように一気に総取りするんだろうなという予感がすごくあって、そこのコミュニケーションが適切にできていない。

斎藤　シンギュラリティすごい、いろんなことが起きているという割に、だったらなんで乙武洋匡さんが楽に歩けるようになる義足が、3Dプリンタを使って簡単にできないんだろうと。

AIと現実世界のギャップはあと10年くらいすると埋められるものなのかというのが私の最近の疑問で、10年くらい前からシンギュラリティと言われていた割に、身の回りにあるロボットがいまだに自動掃除機だけなので、あと50年かかってもできないんじゃないか。

この時間は重要で、50年経っても結局できなそうということならば、夢を見るのをやめて、まずいまできることで、気候変動や少子化に取り組む将来設計をしないといけないわけです。

遠藤　コンピュータとかデジタルの成長はとても分かりやすいんですけど、パワーエレクトロニクスの進化ってほとんど起きていないんです。モーターがどのくらい性能が良くなるか、効率が良くなるかということに関しては、電気のエネルギーをどうやって動力に変えるかという効率の問題になってくる。その効率はそんなに良くならないし、電気エネルギーを超えることは物理的にはできないので、モーターを使って、乙武さんが健常者のように動くのはボクは無理なんじゃないかと思っているんです。

健常者のように動く義足は、10年後、20年後のレベルではおそらくおカネがあれば実現できるようになる。しかしいま我々の身の回りにある素材や技術で、乙武さんが健常者の身体のようになるかというと、たぶんなれないとボクは思っています。

ですから逆に、乙武さんの身体ならではの動きを実現することはあり得ると思っていて、たとえばパラリンピックの短距離走者が使う板バネ義足のようなものは、走るということに特化すれば健常者を上回るパフォーマンスが出てきます。これは健常者の身体に戻すのではなく、ほかのものに代替しているわけで、コスト的に割が合うものがこれからどんどん出てくるのではないかと思っています。

健常者と同じにするという行為が障害者の生活を悪くしているし、健常者の障害者に対する差別的な思考が生まれている原因のひとつなのかなということが乙武さんのプロジェクトを通じて分かってきました。

斎藤　本当に仰る通りだと思います。マジョリティと同じようにできるようになる技術だけではなくて、むしろ別の道で当事者の方たちのポテンシャルとか魅力を引き出す、技術革新の道がある。ただし、その道のためには、マジョリティの側、社会の側が変わろうとしなければいけない。

落合　確かに。

斎藤　結局マジョリティへのあこがれを補完するために技術が使われてしまうと、いまの社会の価値観がより強固になって、目指すべき規範になる。「歩けるようになったから良かったじゃないか」というふうになってしまうわけです。そういう実存の問題は本来社会が、もっと多様性を受け入れるべきだというふうに変わっていかなければいけないのに、変わらないで、マイノリティがマジョリティのように振る舞うことをＡＩや新技術が助けているだけであれば、問題の根本解決にはならないのではないか。

落合　認知バイアスの問題と切り離せないし、それがマジョリティの量的な作用で規定されるという。

斎藤　別の例をあげれば、無毛症の人たちにカツラをつくることが、無毛症の人たちのためと言われる一方で、本来は社会の価値観そのものを変えていくべきだという話で。

落合　そもそも毛がなくていいならなくてもいいという考え方ですね。

斎藤　そう、そこは私たちの価値観の側が変わらなければならないので、ＡＩでは解決しないわけですよね。

落合　認知バイアスは常にボトルネックになりつづける。そして低速です。

斎藤　うん。やっぱり遠藤さんの話は大事だなと思うんです。

落合　ここを克服する過程はやはり教育にしかないんじゃないかというのが我々の一つの結論でもあるし、教育は常に考えなくてはならない。

斎藤　そう、まさにマジョリティの学びです。けれども、その学びを夢の技術で省略できるんだというのがおカネを集める手段になっているわけで、それが非常にグロテスクだなと思いますね。

落合　クロス・ダイバーシティメンバーのほとんどが、大学教育に携わったりしているからね。遠藤さんも大学で教えることもあるし、意外とみんな教育は捨てていないというところがある。

4 ビル・ゲイツの大罪

菅野　斎藤さんはご著書のなかで、生産手段を民主化してコモンにするのが脱成長のイメージを描くうえで重要という話をされていますが、身体的な感覚の持てるものをコモンにするというイメージは比較的持ちやすい一方で、ソフトウェアを書くとか、新しい技術を開発するとか、非常に抽象的な生産を民主化してコモンにするというイメージが、どうやったら持てるのかなということを伺いたかったんです。まさにそこが、いま言っているギャップの中心的な課題という感じがしたんです。ＡＩなどの技術開発にしても、いまは極端にリソースを集中させる形でしかイメージできていなくて。

もちろん、学生が地道にやる研究で技術革新が起こり得ることも知っていますので、少し言いすぎているのかもしれませんが、そこを一般の人が納得できるような形でコモンにするのはどうすればいいいんだろうと。

斎藤　GAFAが大資本を使ってディープラーニングなどに資金やエネルギー、サーバーとかを投資して、独占的にやっていくのが独占資本主義的な形ですね。開発に関与しているエリートの大半はいまの社会で言うところのマジョリティであって。

彼らの開発の仕方はけっしてニュートラルなものにはなりえないし、自分たちにとって有利なものを、ディープラーニングやアルゴリズムを使いながら正当化していくことになりかねない。それに対して脱成長とかコモンというのはそういう独占的な競争からいったん引いて、資本主義でいったら非効率であるがゆえに儲からないと思われていた、公益性の高いものにまず注意を向ける。

耳の聴こえない当事者の人たち全員がプログラムを書けるわけではないので、プログラミングの過程そのものを民主化することは当然限界があるのですが、いままで1%の人が開発していたときには入れなかった人たちが意思決定に入って、技術者と一緒に開発していく。その過程で、当事者の人たちの意見も反映されるし、それと同時に技術開発している側の人たちも、いままでマジョリティとして気が付かなかった視点を学んで、そこから新しい技術をつくっていく。それがコモンです。

落合　「ホビイストたちへの公開状」といって、ビル・ゲイツが「なぜソフトウェアに人がカネを払わなければいけないのか」ということを1976年に公開の往復書簡で主張していたものがあって。

ホビイストの大半はソフトウェアを盗用しているが、これに対してちゃんと権利料を払うべきであるというビル・ゲイツの考え方も含めコンピュータサイエンスやソフトウェアビジネスの枠組みは進歩してきたわけですけど、結果的にはそれがこの収奪を生んだということはその通りかなと。

つまり情報的な進化プロセスがもはや光速ですので、そっちはほぼコモンズに近づいていていて、一方ハードウェアのほうは、逆説的にコモンズに近づくものと、本来の意味でのコモンズに近づくものが二つに分かれているんだなといま聞いていて思ったんです。AIがつくるソフトウェアをコモンズとして、考えなおすとかわる。

つまり3Dプリンタは十分に低速なので、共同体でメンテしながら管理するけど、そこで使うソフトウェアをみんなで持っていればいい、という考え方で。なぜそこで著作権上発生するおカネを払わなければいけないのかということを考えなければいけない。

ただここは技術革新が問題を解決するのではないかなとちょっと思っています。たとえば音楽を生成するモデルがいま大量にできていて、ボクはこの（AIが音楽を生成するアプリ）「Mubert」のAPIをメッチャ使っていますが、ジェネレイト・トラックを選んでハウスを選択すると、45秒の曲が15秒くらいでできる。こうなると、もう各自が聴く適当な音楽は適当につくればいいということになるんです。

それと同じように、プロンプト入れたら適切なソフトウェアが出てくるようになるかといったらたぶんなるんです。いますでにそうなろうとしています。そうすると、そんなに美しくはないけど、アプリをつくるための適切なコードが生成されるようになる。そういうものに著作権が発生するかというと、そんなことはない。プロンプトにこだわりがなければパブリックドメインになって、パブリックドメインは本質的にコモンズに近いから、逆説的にコモンズに近づくと思いました。

斎藤　逆説的にね。

落合　発達したすえのパブリックドメインがむしろコモンズで、誰も著作性を設定できるほどではなかったみたいな。

斎藤　GAFAの先にそういうものが。

落合　待ってるかもしれないと思った。逆説的に。

菅野　確かにそうですね。現状のバランスだとどうしても、多様な当事者のためのツールをつくる過程のソフトウェア開発にはそれなりにおカネがかかって、このおカネってどこから来るのという話になりがちなんです。そこでまた資本の理に戻ってきてしまうところがあって、そこをどう越えられるかに個人的には関心があります。

落合　GAFAが持っていてボクたちが持っていないものって、ハードウェアだったりするなと思って。ソフトウェアの開発のほうはオープンなエコシステムがあって、過度な金額でなければ全然払うと思うんですよ。知的財産権による、成長社会の停止問題のような気がしていて、ソフトウェアを守る権利とか、IPとか株券を守る権利による成長をうまく停止してやらないとダメなんだろうなと。プロパティをうまく変えないといけないんだなということがいま聞いていて分かりました。

本多　Ｏｎｔｅｎｎａ（オンテナ）ソフトウェアの無償公開は正しかったということで

すか？

落合　正しかった、間違いなく。

ソフトウェアビジネスが永遠に稼ぎつづける世界というのは、やっぱり逸脱しているかもしれない。昔はそうじゃなくて、ビル・ゲイツが「ソフトにカネを払ってくれないと困る」と言うくらい、50年でけっこう変わってしまった考え方で、実はそれが行き過ぎだったんじゃないかなと思いました。50年前は音楽は買ってたけどソフトウェアを購入しようと思わなかったわけだから。それはレコードが実体になっていたからだと思うし、本も実体だったからだと思っていて、ソフトにしたらそうではないのかもしれないいなと。ソフトウェアパッケージがコモンズ化する社会というのがあってもおかしくないなと思ったかな。

斎藤　ただ現状だと、NFTなどの手段でデジタルなものに所有権をつけて独占するという感じに、どうしてもいまの資本主義の力学的にはなってしまう。

落合　資本の再生産を可能にするということになっちゃうのかな。

斎藤　そういう囲い込みみたいなものが常に来るわけですよね。だからWeb3がいままでの2・0と違う、本当の意味でのインターネットの理念を実現するんだというような言説も、私に言わせれば、眉唾的な詐欺です。そこでメタバースとかブロックチェーンとかNFTで、結局そこで儲かるから投資をしようというような。ああしたものが出ては消え、出ては消えすることが、資本主義の行き詰まりを示している気はします。

落合　Web3が、一部の資本家に収奪されている。

斎藤　これも、GAFAの独占という現実の問題を解決すべきときに、デジタル空間で加速主義的に人類が突破しようとすることの限界ではないか、ということです。

落合　よくこの話をするんですけど、ブロイラーを狭いところに閉じ込めると隣の鶏をつついたりとか自傷行為をしたりするから、HMD（ヘッドマウントディスプレー）をかければ幸せに暮らせるのではないかというアートがあるんです。これで幸せにブロイラーを育てることができる、檻の中に入れる数を増やせてより持続可能になるというのは、とてもヨーロピアン的発想で、日本人から見ると相当な違和感なんだけど。

斎藤　まさに同じことがメタバースというわけですね。

落合　そう。我々がメタバースに行くということはそういうことで、本質的には両者には差はないというか。身体的なものを犠牲にしても成り立つ情報的なものだけで資本を囲い込もうとする社会というのは、人類の頭にヘッドセットをつけていく社会とすごく近い。持続可能かもしれないけれど。

5 大企業と脱成長

本多 オンテナは大企業だからできたという面があると思っているんです。大きな資本があって、ちゃんとSDGsみたいなところに投資する予算もあるなかでやらせてもらっているということがあって、ある種パフォーマンス的に使われているという面はあると思うんです。それはもちろん自覚しているんだけど、それによってやりたいことをやらせてもらっているので、感謝しているということももちろんあるんです。先ほどのGoogleの1%の技術者の話で言うと、自分がどちらの立場になるんだろうと思いながら聞いていました。

遠藤 オンテナが富士通の本当の主力事業になったらいいんじゃないですか。

本多 それって、やっぱりカネを稼ぐってことじゃないですか。我々がやっているようなパイの小さいN＝1のビジネスで大きなおカネを稼ぐことがいまの社会構造ででき るかというと、難しいところはあると思うんです。一方で、落合さんの言う知的財産権の停止というのが、かなり面白い指摘だなと思ったんですけど、確かに大企業でできたひとつの理由は、この知的財産権というのをちゃんととれたからなんです。

たとえば恩賜発明賞を受賞したときも、特許を抑えて、それで富士通が納得してくれたというところがある。そういうところはある種古い動き方だったんだなと思いますね。

落合　公益法人とか、恩賜発明賞もそうだけど、そういった権威は収益モデルとほとんど関係がない。収益事業とくっつけちゃうと大変なことになるんだけど、それはさすがにしてこないよね。

アカデミックとかもたぶんそう。そこを収益モデルと一致させようとはまだしてない。たまにしてるけど、まだ良心が働いてる。その良心的な目線の内側にいる限りは、社内的なパフォーマンスやCSR（Corporate Social Responsibility）の一つとしてしか受け入れられないという遠藤さんと本多さんの意見はその通りだと思う。

本多　だからそこを越えていきたいということが、クロス・ダイバーシティプロジェクトの目指すものなんですけど。

落合　最初お話ししたように、デザイン—学術研究—社会実装—認知をぶつぶつ切らずに一気通貫して、トータルのポートフォリオを形成しないと収益が合わないんだろうな。

本多　ソーシャルインパクト指標みたいなものを見直すようになったという話がありますが、実社会とまだ紐付いていないというか、ＰＶ数とか、ＣＭで言うと視聴者の数とかに落とされてしまうのが辛いところではあります。とにかく目立ったほうがいい、だから乙武さんを歩かせればいいという。

落合　昨日ちょうどある会社の社長さんとクロス・ダイバーシティの話をしていたんですが、公益事業と収益事業と公共事業は、三つ合わせないと、全体のポートフォリオバランスがおそらく維持できないというのが彼の見立てで、ボクもそうだなと思ったんだけど、国がおカネを出すところ、収益事業としておカネを稼ぐところ、公益事業としておカネは稼がないけど成立するところが三つ巴に存在しないといけないと。ＮＦＴで収益分配するから大丈夫だみたいな話では成り立たないし、ＮＰＯだけでも成り立たないし、国だけでも成り立たない。

その三つがうまく成り立ったところに、望ましい未来の方向に振れるんだけど、パブリックセクターの三つ巴の関係ってだいたい二つまでは常に含まれるんです。三つ含まないんですよね。三つを含むというのが重要だなと思いました。

本多　先日、オーティコンという世界的な補聴器の会社に行ってきたんですが、会社組織の上に財団があるんです。財団から紐付いて音響の研究所があったり、オーティコンという補聴器会社があったり、検査キットの会社があったりして、そういった財団のような組織が上に来るのがいいのか、と思ったりして。

落合　それが三つ巴で回っていかなければいけないと思うんですよ。この多様性に関わるところではそうじゃないと成り立たない産業なんだと。

遠藤　福祉機器の場合は大きな資本を持っている会社が、その資金力をいいことに使おうということで成り立った会社が生き残っていて、義足で言うと、オットーボックとオズールという二大メーカーのどちらも創始者の名前がついた会社なんです。財団ではないけれど、基本的には同じ仕組みで。資本主義のなかでは成り立たないものをどうやって成り立たせるかというと、そういう大きな資本を持っている人が、いいことにおカネを使おうというマインドセットからなんじゃないかと。

私から斎藤さんにお聞きしたいのは、脱成長になると大企業ってどうなるんですか。

斎藤　もっと分散型になっていくイメージでしょうか。もちろん、大きなリソースが必要になるプロジェクトも数多くあるので、完全に解体することは不可能ですが。それでも、マリアナ・マッツカート（ユニバーシティ・カレッジ・ロンドン経済学教授）が言うように、国がパブリックな領域を増やす余地はもっとあるのではないでしょうか。技術開発も少なくとも利益・配当ドリブンでやる必要はない。

本来、公益性をすくい上げることを大学とか国がもっとやっていくべきだし、歴史的に見てもそうしたものから、より大きなブレイクスルーが生まれてきている。インターネットは有名ですが、最近でもｍＲＮＡワクチンだってもともとは大学の研究からですし、製薬会社のボロ儲けを防ぐ制度をつくったとしても、研究へのインセンティブや熱意が失われるということは必ずしもないんじゃないかなという気がしているんですね。私がクロス・ダイバーシティに共鳴するのは、その点です。もちろん、こういう話をすると技術者たちがリスクをとったり開発しなくなるんじゃないかという懸念を指摘する声があがるわけですけれど。

落合　そんなことはないと思いますよ。ボクらアカデミックだからそう思うのかもしれないけど。企業が投資するかどうかは別として、研究者それ自体のモチベーションが失われることはないと思うけど。

遠藤　それはないでしょうね。

本多　でも、やっぱり大企業を解体していく方向に行くんですね。

遠藤　資本主義の大きな流れにどうやって迎合していくかという方向でオンテナが生まれたということでいいですか？

本多　いいのかなあ（笑）。

落合　斎藤さん、ありがとうございました。脱成長という視点で話すとうまく着地点が見えるんじゃないかと思ったんですが、直感どおりでした。

遠藤　クロス・ダイバーシティの存在意義がうまく言語化された話だったと思います。

斎藤　こういうパブリックな話は脱成長と相性がいいし、私も、皆さんのお話を聞けたので良かったです。

本研究プロジェクトは、
国立研究開発法人　科学技術振興機構
戦略的創造研究推進事業　CREST、
グラント番号JPMJCR1781および
JPMJCR19F2の支援を受けたものです。

土屋美智子
斎藤幸平
佐藤雅哉
山本航大
宮本順一
KSTEVENTS
岡田まりん
Akemi Shirakura
林英樹
福山雄二郎
田中信
小川友希栄
古川祥子
あずさ
Yusuke Imoto
渡部菜穂子
桜井裕子
折田賢児
庵雅美
杉崎塁
小川典良
中西可奈
三島和久
カイロプラクティック　ふぅ
山本将之
野口貴史
山田百合子
米田直弘
Miyuki Mitsumoto
蔵田みか
後藤真紀子
橋本良美
曽我健二郎
優輝、陽翔
丹下 貴志
森本竜馬
杉村誠
谷口浩和
せんがゆうすけ
齋藤尊
ニキビ研究所NoA
Miho Kokumai
梅津
尾崎博
Ayaka Shibata
八木貴彦
Shiroma 棚城 Nagi
小丸悦武
木本丈士
帆乃果
多田織乃
246
新井拓海
芳賀砂智子
池田誠
斎藤隆
伊藤淳
赤松美紀
ShiNYa*3♪
Mami Takahashi
マルコロ 迫田野江
渡邊晃一
岩田健太郎
溝下玲那
小地沢俊宏
高木謙二
Maki Nishimura
福永聖子
栗林真広
鈴木雄一朗
佐藤拓磨
秋葉芳江
miya
泉屋久美子
宮地智裕
戸部渉
遠藤駈・宏
東俊宏
前重壮寿
武藤敬彦
小島武仁
松末和直
吉澤昌也
鯨岡紀子
佐藤妙
田中章愛
SUZUKI RYUJI
塚本真悟
Chie
羽澤啓吾
三宅善子
納富嗣人
鈴木亮満
高畑賢一朗
Masafumi Nakanishi
岩倉純
花井俊孝
中村孝彦
長野孝昭
田中浩一
信田智行
保科真祐
Sakiko Tanaka
角岡正嗣
吉川智子
白うさぎのお茶会
武富庸兆
米村理恵子
カズレーザー
長島和秀
三宅正哲
坂本尚史
齊藤祥二
sugarstarme
安部智也
みぃねこ
小柳雅史

xDiversity《クロス・ダイバーシティ》 第2期サポーターの皆様（順不同）

KAORU FURUBAYASHI
水野雅之・裕子
HIDEAKI KAWANISHI
寺子屋楠
Asuka, KAWAI
森椙愛子
熊木景
木村光
泉屋光太郎
木村明仁
しんのすけ
成田悠輔
WorkDesign
東御こもだ果樹園
生駒良平
加藤慎也(tuttobilita)
Yuu A.
せきぐちあいみ
鈴木貴哉
岩田朋之・美晴
齋藤晋一
齋藤元気
小野雄平
Terao Yoichiro
やまうちまきこ
六角春陽
関根悠生
株式会社熊木プロダクション
ななか
船木菜未
畑和博
山谷崇文
久保千聖
伊藤栄理子
38zakky
田中ヒデト
佐々木新悟
荒井叙哉
外川拓磨
江原多恵子
Ryuji Miyauchi
坂元秋奈
RYOHEI YOKOMORI
丸山祐司
平田憲穏
森本知恵
七海
重吉比呂
川合祐子
池田崇太郎
藤原綾乃
神藤 駿介
菅原吏利
中村広一郎
筒井裕太
三浦早矢加
Ken-Ichiro KAWATA
スピリッツ渡辺裕一＆陽太
H.W
Mami Sakoda
Satomi Koyanagi
buendia
石井祐晃
鵜原羽汰
箕輪厚介
岡本季実子・結晴
肥田康平
松葉一輝
T. Ito
椚瀬高志
元彪
Takayuki, Saori, Momoka, Fumihiko
穂積佑亮
村上彩香
SakuRa Sayaka
中尾武
AOKI
大瀧祐司
一般社団法人MIJWー水戸発
夢を叶えるプロジェクト　代表理事　中井川正男
sakuracha
Onelove Dentist Kim
MASAMURA
生田祥穂
知久久利子
塩地浩平
三森健大
阪上茉衣
豊川真規子
石田諒
宮下尚輝（みやしー）
岩田純一
Michie Imai
Kanji Ikeda
古立良太
徳力基彦
熙
Nori@atree
深澤涼平
石谷颯青
小坪彰＆恵子
前田直人
日下部暢子
月原昌子
金森香
辻昭博
板橋悦子
岡山尭憲
masashi hanaki
Akiko.K
河津崇臣
栗原亞紀
みのり
kawanishi.eth
五十嵐ゆか
河上尚也
ログイン勢
中村ゆうか

落合陽一（おちあい・よういち）
メディアアーティスト。1987年生まれ。JST CREST xDiversityプロジェクト研究代表。
東京大学大学院学際情報学府博士課程修了（学際情報学府初の早期修了）、博士（学際情報学）。
筑波大学デジタルネイチャー開発研究センターセンター長、准教授、京都市立芸術大学客員教授、大阪芸術大学客員教授、デジタルハリウッド大学特任教授、金沢美術工芸大学客員教授。
2020年度、2021年度文化庁文化交流使、2025年日本国際博覧会（大阪・関西万博）テーマ事業プロデューサーなどを務める。
2017〜2019年まで筑波大学学長補佐、2018年より内閣府知的財産戦略ビジョン専門調査会委員、内閣府「ムーンショット型研究開発制度」ビジョナリー会議委員、デジタル改革関連法案WG構成員などを歴任。
菅野裕介（東京大学生産技術研究所准教授）
本多達也（富士通株式会社Ontennaプロジェクトリーダー）
遠藤謙（ソニー株式会社シニアリサーチャー）
島影圭佑（デザインアクティビスト）
設楽明寿（筑波大学大学院図書館情報メディア研究科博士後期課程）

xDiversity《クロスダイバーシティ》という可《か》能《のう》性《せい》の挑《ちょう》戦《せん》

2023年 1 月17日　第1刷発行

著　者　落合陽一《おちあいよういち》　菅野裕介《すがのゆうすけ》　本多達也《ほんだたつや》　遠藤謙《えんどうけん》　島影圭佑《しまかげけいすけ》　設楽明寿《したらあきひさ》

発行者　鈴木章一

発行所　株式会社 講談社　KODANSHA
〒112-8001
東京都文京区音羽2-12-21
電話　編集 03-5395-3522
販売 03-5395-4415
業務 03-5395-3615

印刷所　株式会社新藤慶昌堂
製本所　株式会社国宝社

定価はカバーに表示してあります。
落丁本・乱丁本は、購入書店名を明記のうえ、小社業務あてにお送りください。
送料小社負担にてお取り替えいたします。
なお、この本についてのお問い合わせは、第一事業局企画部あてにお願いいたします。

ISBN978-4-06-530589-8